Brunelli / Mann · Osteria Le Logge

OSTERIA LE LOGGE
33

Gianni Brunelli / Christoph Mann

Osteria Le Logge

Die Küche der Toscana

Mit einer Einführung von Otto Schily
und einem Liedtext von Gianna Nannini

Übersetzung und deutsche Neubearbeitung von
Hellmuth Zwecker

HUGENDUBEL

CIP-Titelaufnahme der Deutschen Bibliothek

Brunelli, Gianni : Osteria Le Logge : Die Küche der Toskana / Gianni Brunelli. Christoph M. Mann.
Mit e. Einf. von Otto Schily u. e. Liedtext von Gianna Nannini.
[Aus d. Ital. von Hellmuth Zwecker]. – 3. Aufl. – München : Hugendubel, 1991
Einheitssacht.: Osteria Le Logge <dt.>
ISBN 3-88034-467-1

3. Auflage 1991

Umschlaggestaltung: Zembsch' Werkstatt, München,
unter Verwendung eines Aquarells von Christoph Mann
Produktion: Tillmann Roeder, München
Satz: Uhl + Massopust, Aalen
Druck und Bindung: Georg Appl, Wemding

ISBN 3-88034-467-1

Printed in Germany

Inhalt

Vorwort

Als personifizierte Zeugungskraft war der altrömische »Genius« die Schutzgottheit des Mannes, die bei seiner Zeugung und Geburt wirkt, ihn durch das Leben und über den Tod hinaus begleitet. Der Name, aus dem indogermanischen Verbalstamm gen herkommend, verbindet Begriffe wie genuin und genial.

Ob das italienische Giove – für den römischen Göttervater Jupiter – und der Name Giovanni, den mein Freund Gianni Brunelli als Taufnamen trägt, ethymologisch zusammenhängen, vermag ich nicht zu belegen. Giove und Gianni tun das allemal. In der mittelalterlichen Astrologie ist Jupiter verantwortlich für menschliche Fröhlichkeit und Heiterkeit, der Iovialis einer, der im Sternbild des Jupiter geboren ist.

In der Toskana treffen wir heute noch vielfach auf kultiviertes Bauernland, auf dem sich Reihen von Maulbeer- und Olivenbäumen mit dazwischen hochgebundenen Weinreben über die Hügelrücken ziehen. Dieses vollendet ästhetische Bild existierte schon zu römischer Zeit. Die perfekte Symbiose bewirkte die dauernde Fruchtbarkeit des Bodens, die Gesundheit der Pflanzen und belieferte Cäsars Veteranen, die er hier ansiedelte, mit dem unentbehrlichen Öl und Wein. Ganz antikisch ist auch heute noch die toskanische Architektur, der einfache Kubus mit dem zur Mitte hin ansteigenden Dach, wo sich vormals die Öffnung zum Atrium befand und an deren Stelle heute der Taubenturm sitzt.

Und ebenso zwangsläufig »antikisch« sind auch die Werke, die dieses Land immer wieder hervorgebracht hat. Genuin und genial sind die toskanischen Hervorbringungen in Kunst und Literatur, in Politik und Ökonomie. Genuin sind die Zutaten und genial die einfachen Rezepte der toskanischen Küche. Sie sind es bis heute geblieben und glücklich ein Land, das Originale und potente Mannsbilder besitzt wie den Sieneser Gianni Brunelli.

Ich arbeite seit nunmehr 12 Jahren in der Toskana. Das gibt mir die Möglichkeit, deutschen Touristen, die auf unser Landgut kommen und dort Mal- und Sprachkurse besuchen, die Toskana von innen zu zeigen – anhand von Originalen. Die Betrachtung von originalen Kunstwerken in Siena oder Florenz öffnet uns die Augen für unser eigenes künstlerisches Tun, die Erprobung der originalen Küche der Toskana schärft die Sinne für den Geschmack des Lebens. Und als Gast der Osteria Le Logge sitzen unsere Gäste oft unbemerkt in der Nachbarschaft der Größen des politischen, geistigen und kulturellen Lebens der heutigen Toskana, Italiens und ab und zu auch Deutschlands und werden unversehens selbst zum Original, zu sich selbst.

Palazzuolo, Herbst 1989 — Hellmuth Zwecker

Gianni Brunelli stammt nicht aus Rovigo

Hans Magnus Enzensberger glaubt, es gäbe in Italien gar keine Italiener, nur Eingesessene und Hinzugekommene. Jeder definiere sich, wie in der Kunstgeschichte, nach dem Ort, an dem er geboren ist: Il Parmigiano, il Veronese, il Perugino. Und dabei bleibe es, wie Enzensberger beobachtet hat: der Turiner bleibe immer Turiner, auch wenn er seit einem Menschenalter in Cagliari lebe. »Das erklärt alles«, schreibt Enzensberger, »deshalb ist er nämlich so nüchtern, deshalb nimmt es er so genau. Umgekehrt erklärt seine Herkunft auch, warum er von Sardinien nichts versteht. Er hat ja keine Ahnung, der Ärmste! ... So bescheinigen sich die Italiener gegenseitig ihre Fremdheit, ihre Besonderheit, ihre Ungleichheit. Andererseits führt dies dazu, daß jeder zweite Italiener den Status eines Botschafters hat. Die Mailänderin, die in Giglio geboren ist, muß jeden einladen, beherbergen, beschützen, der von dieser Insel kommt, obwohl sie ihre Heimat vor 40 Jahren verlassen hat, obwohl sie nur ab und zu drei Tage dorthin zurückkehrt, um ihre alte Mutter zu besuchen, am Ostersonntag... Das nützt ihr nichts. Sie haftet. Sie repräsentiert. Sie ist die Gesandte. Giglio ist und bleibt ihre Hauptstadt, ihre Metropole. Für Mailand dagegen kann sie nichts ... So beginnt das Privileg mit der Geburt. Es ist eine Auszeichnung, an diesem Ort auf die Welt gekommen zu sein und an keinem andern. Andere Dörfer, Gegenden, Länder, Kontinente mag man bewundern, aber beneiden? Oder gar lieben? Niemals! ... Auf diese Weise ist jede italienische Stadt die Größte, vielleicht mit einer Ausnahme, auf die sich alle geeinigt haben, und diese Ausnahme heißt, ich weiß nicht warum, Rovigo. (›Ach, Sie sind aus Rovigo? Schade.‹).«

Gianni Brunelli hat Glück gehabt, er stammt nicht aus Rovigo, sondern aus Montalcino, der Metropole eines berühmten italienischen Weins, des Brunello. Aufgeweckten Gästen seiner Osteria Le Logge fällt die Namensgleichheit sofort auf, was Gianni ebenso witzig findet wie unsereins die unglaublich komischen Verse auf den Namen Otto, zum Beispiel »vorne rund, hinten rund, in der Mitte wie ein Pfund«. Der Vers würde immerhin gut auf Gianni Brunelli passen, der eine gewisse, für einen Gastwirt unentbehrliche oder jedenfalls unvermeidliche Leibesfülle unter seiner weißen Schürze keineswegs verbirgt. Eigentlich sieht er aber aus wie eine der etruskischen Bronzefiguren, mit seiner gedrungenen, untersetzten und kräftigen Gestalt, dem leicht zersausten schwarzen Bart und den lachenden Augen. Wenn es stimmt, was die Historiker behaupten, daß die Etrusker ein sehr lebenslustiges, gastfreundliches und friedliches Volk gewesen seien, dann werden die Vorfahren von Gianni Brunelli gewiß Etrusker gewesen sein. Das schmeichelt ihm, aber Schmeicheleien hört er für sein Leben gern und verteilt sie ebenso freigiebig. Genug über Gianni. Was wäre er ohne

Laura. Sie kommt aus Sardinien und könnte inzwischen Professorin für Germanistik oder für Medizin oder für Astronomie sein, aber sie traf Gianni und entschied sich für die Gastronomie. Gäbe es sie nicht, wäre die Osteria längst konkursreif, denn am liebsten lädt Gianni alle Freunde in etruskischer Großzügigkeit ein, ohne an die Kasse zu denken. Ob die Sarden auch Etrusker waren, wissen wir nicht, wir wissen aber aus den Erkenntnissen von Enzensberger und aus eigener Erfahrung, daß sie Sarden bleiben, auch wenn sie schon seit Generationen in der Toskana leben. Deshalb achten sie ein wenig mehr auf das Geld. Ohne die Sarden wäre die Toskana in bestimmten Gegenden schon weitgehend entvölkert, was die Toscani mit einem gewissen Murren eingesehen haben. Auf Grund der sardischen Einwanderung ist die beste toskanische Käsesorte jetzt der sardische pecorino, der beste Sieneser Notar ein sardischer Nobile und der beste Polizist ein sardischer Hirte.

Genaugenommen sollte ich über die Osteria Le Logge kein Sterbenswort schreiben, sonst wird es dort womöglich noch voller als sonst. Abends und meist auch mittags ist es schwierig, einen Platz zu finden, es sei denn, man war so klug, einen Tisch zu reservieren. In der Osteria Le Logge entdecken unsere durch Maggi-Soße, Hamburger, holländische Tomaten, Pommes frites und chilenische Äpfel abgestumpften Geschmackssinne wieder, daß Essen zur Kultur gehört, daß es gut schmecken, gut riechen und gut aussehen kann, aber ohne Menkenkes, ohne übertriebenes Zelebrieren. Am besten bestellt man übrigens das Gericht, das Laura sich selbst aus der Küche bringen läßt, zum Beispiel Tagliata con funghi oder Terra di Siena oder Anatra all'uva.

Le Logge del Papa sind um die Ecke, was daran erinnert, daß hier die Gemächer irgendeines Papstes waren. Le Logge ist die Mehrzahl von Loggia, auf deutsch »die Loge« in den verschiedenen Bedeutungen. Der Name ist gut gewählt, denn die Osteria ist wie ein Logenplatz in einem Restaurant, je nach Jahreszeit. Einer der begabtesten Schauspieler ist Gianni Brunelli selbst, oder sagen wir, er ist der Impresario. Wer sich nicht partout langweilen will, wird sich in der Osteria Le Logge kaum langweilen, schon die Beobachtung der zahlreichen geheimnisvollen Besucher der Sărtoria Simoncelli gegenüber ist spannender als jeder Fernseh-Krimi.

Wenn es sonst keinen Grund gäbe, gelegentlich bei Gianni und Laura vorbeizuschauen, dann wenigstens den, daß es hilft, wenn man aus irgendwelchen Anlässen Hilfe braucht. Hat der Gast Zahnweh, kennt Gianni mit Sicherheit den besten Zahnarzt von Siena, einen international angesehenen Experten selbstverständlich, ebenso selbstverständlich sein bester Freund. Er wird ihn sofort anrufen und der Zahnschmerz ist schon fast verschwunden. Laura verrät bereitwillig, wo es die besten Pilze zu kaufen gibt, höchstens bei den Trüffeln wird sie vielleicht etwas einsilbig. Gianni beschafft in letzter Minute, wenn es unbedingt sein muß, einen Platz für den Palio und vertraut dem Interessierten zugleich an, wer mit Sicherheit nicht gewinnen wird. Natürlich diskutiert Gianni leidenschaftlich gern über Politik. Der frühere Elektroarbeiter und Gewerkschaftssekretär weiß Bescheid und kennt sich aus, auch wenn er heute manches etwas gnädiger beurteilt als zu Zeiten von lotta continua.

In einer Hinsicht hat Gianni aber kein Erbarmen. Jeder Gast muß italienisch sprechen. Er redet mit Amerikanern, Engländern, Holländern, Deutschen, kleinen Kindern, mit allen, sogar mit den Hunden ausschießlich italienisch. Das hat den Vorteil, daß sich Amerikaner und Deutsche ein wenig schüchterner benehmen als gemeinhin und ganz gegen ihre Gewohnheit mit eher gedämpfter Stimme sprechen, daß die Engländer zum ersten Mal in ihrem Leben eine Bestellung in einer Fremdsprache aufgeben müssen, daß die Hunde friedlich sind und daß die Kinder lustige italienische Worte lernen. Nur für die Holländer macht es keinen Unterschied, weil sie sowieso polyglott und leise sind. Insomma, sie gefällt mir, die Osteria Le Logge.

Otto Schily

Meine ist eine alte Geschichte

Chief Josef marschierte 6000 km, um sich nicht ergeben zu müssen. Hieronymus erhob die Hände erst, als sein Volk am Ende seiner Kräfte war. Sitting Bull und Crazy Horse haben die schwarzen Berge als symbolischen Besitz der heiligen Erde hinterlassen, die der weiße Mann vergewaltigt und geplündert hatte. Die Sieneser Bauern haben eine gewisse äußerliche Ähnlichkeit mit den großen Indianerhäuptlingen, entschlossene Gesichtszüge, von der Sonne gegerbte Haut, einen faltigen Hals, gebückte Schultern, aber eine hohe Stirn und den Stolz anderer Zeiten.

Die Sieneser Hügel sind unsere schwarzen Berge. Wir werden sie wie die Indianer nicht aufgeben. Wenn wir uns je ergeben müssen wie sie, werden wir unsere Traditionen und Bräuche, unsere Gerüche und unsere Liebe zu allem was schön ist, weil es ist wie es ist, hinüberretten in eine zukünftige Zeit. Auch unsere Bleichgesichter sind die Nordstaatler, die glauben, daß in unseren Hügeln Gold zu finden sei. Ein anderes als das von Klondike, ein Gold, das nicht gelb ist, sondern die Farben des Lebens hat. Das Rubinrot und Strohgelb des toskanischen Weines, das helle Grün des Salats, das blasse Weiß des Selleries. Der Schatz, das sind die Gerüche und Geschmäcker. Die Küche also. Diese Leute kommen, manche um zu plündern.

Der Wein wird heute nicht mehr mit den Füßen gepreßt, sondern die Trauben werden wie ein Schwamm ausgewrungen. Die Arten, Essig zu machen wurden zehn und waren doch nur eine. Die Oliven geben soviel Öl, als würde man den ganzen Baum mit ausquetschen. Kurz – die Industrie ist aufs Land gezogen. Das hat vielleicht seine positiven Seiten, aber die Essenz geht verloren, die Arten und Weisen zu machen und zu sein, die Art eines einfachen Lebens, die höchstens Mode geworden ist.

Nicht umsonst heiße ich Brunelli und bin in Montalcino geboren. Ich lebe in Siena, der Stadt, die ich liebe. Alle aus Montalcino lieben die einstige Hauptstadt ihres Staates, die Stadt und ihre schwarz-weiße Flagge. Montalcino ist wie Siena. Seine engen und gewundenen Gassen, seine strenge Festung, die auf die mittelalterliche Stadt schaut, umschlossen von Mauern, angeknabbert von den Menschen und der Zeit. Es gibt eine Nabelschnur, die die beiden Städte verbindet. Sie besteht aus Geschichte, Tradition und der Eigenart, Stadt und Land gleichzeitig zu sein. Ich bin in Siena Mitglied der Contrada della Tartuca und damit ein Bürger der Stadt. Meine Herkunft aus Montalcino bürgt für mich ebenso wie meine Freunde der Contrada.

Meine ist, wie ich sagen würde, eine alte Geschichte. Sie beginnt vor langer Zeit und hat ihr Ziel in der Gegenwart und dem naheliegenden Land bei Montalcino. Hier will ich später, wie die Indianer von

1984
ROSSO
IL PARADISO
75 cl. e 13% VOL.
1984
ROSSO
DI MONTALCINO
IL PARADISO

Wounded Knee, mein Herz begraben. Im Moment habe ich es dort deponiert. Es wartet auf mich. Wenn ich mit meiner Arbeit in der Osteria fertig bin, gehe ich dorthin, auf das Gut La Chiusa, meinen Bauernhof, inmitten der braunen Hügel mit ihren Rebzeilen, die ausschauen wie lichtes, zerzaustes Haar auf dem Kopf der Welt.

Zu der Osteria Le Logge in der Via del Porrione, nahe der Piazza del Campo, kommen viele Leute. Ihre Rhythmen sind die der Stadt. Es ist, als müßten meine Mitarbeiter und ich täglich das Paliorennen laufen. Der Palio ist tatsächlich eine Allegorie des täglichen Lebens Sienas, er ist, wie jemand gesagt hat, die immerwährende Leidenschaft, die zum Wahnsinn eines Moments wird.

In der Osteria wird die ständige Leidenschaft zum täglich zweimaligen Moment der Wahrheit. Beginn 12.30 Uhr, die Gäste treffen ein. Alles muß bereit sein. Es ist, als stünden wir am Startseil. Das Seil senkt sich und das Rennen beginnt. Bestellungen aufnehmen, Empfehlungen geben, zum richtigen Wein raten. Wie beim Palio ist das Rennen nur die Krönung der unterirdischen Arbeit, die davor stattfindet. Ab 7.00 Uhr morgens Besuch der Märkte und Geschäfte, um das Beste auszumachen, dies oder jenes besondere Stück Fleisch, die frischen gesunden Gemüse, die nur jener Bauer produziert, der sich nicht auf den Teufelspakt mit der Chemie eingelassen hat.

Es ist Forschungsarbeit, eher kulturell als kulinarisch. In der Tat kulturell. Ein Essen auf den Tisch zu bringen ist Kultur. Das hat mir meine Oma Sabrina beigebracht, die weder schreiben noch lesen konnte, aber eine Polenta kochen, die Veronelli mit 5 Kochmützen gekennzeichnet hätte. Sie hatte deren Zubereitung von ihrer Mutter gelernt und diese von ihrer Mutter. Wenn meine Mutter Elvira Polenta kocht, denkt sie immer an die Großmutter. Bei mir ist das ebenso.

Am Abend beginnt das Rennen wieder. Um 19.30 Uhr muß alles wieder bereit sein – die Teller gespült, die Tische umgedeckt, die Küche geputzt und die Menufolge geändert. Es kommen andere Leute aus Siena und aus aller Welt. Il collo di pollo ripieno, il coniglio con i pinoli, la faraona farcita, il tacchino ripieno, il piccione arrosto, lo spezzatino, il cinghiale in umido, i funghi porcini, le verdure al forno, il pecorino.

Die Leute essen und diskutieren, sie rufen mich und machen mir Komplimente. Ich bin, wie alle, ein bißchen eitel, ich lache und setze mich dazu. Manchmal fragt mich jemand nach – was weiß ich – Hase mit Pinienkernen oder Perlhuhn und ich sage nein, es tut mir leid, das habe ich heute nicht, weil ich es nicht gefunden habe. Das ist das wahre

Problem für den, der jeden Tag versucht, ehrliche Gerichte aufzutischen. Es ist schwierig, das Richtige zu finden. Um das Chianinafleisch zu kaufen, muß ich bis nach Castelnuovo hinausfahren, für den Wein habe ich das halbe Chiantigebiet durchsucht und habe mein Herz an die Fattoria Aiola gehängt. Ich mag den Vino Logaiolo, den sie machen. Jeder Tag ist ein Jagdtag. Wenn ich nur immer das finden würde, was ich suche. Und wenn ich versuchen würde, alles selbst zu machen? Ein Kreislauf von mir und für Giovanni Brunelli, eine Fattoria, die produziert, was in der Trattoria verbraucht wird?

Die Erde ist, wenn sie deine ist, noch schöner. Auch wenn sie viele Jahre für meine Familie nur Schweiß bedeutet hat. Befriedigungen auch viele, das stimmt. Aber wenig zum Leben. Die Meinigen lebten und arbeiteten in den Hügeln von Montalcino. Die Familie meiner Mutter war groß, viele Kinder und viel Arbeit. Sie heißen Martini und bebauten in Halbpacht das Podere Vallosi. In den 30er Jahren war meine Mutter 20 Jahre alt. In der Küche hatte sie sich unentbehrlich gemacht. Während der Getreideernte, im Juni/Juli, waren alle Männer, Frauen und Jugendliche auf dem Feld und schnitten das Korn, das zu Mehl werden sollte. Nur wer wirklich kochen konnte, hatte die Rolle der Vivandiera. Es scheint unbedeutend zu sein, aber es war wichtig. Man arbeitete von Sonnenaufgang bis Sonnenuntergang und vor allem die Männer, nachdem sie in der staubigen Hitze der Felder gearbeitet hatten, wollten gut essen. Und sie hatten recht. Denn das geschah nicht oft. Bei all dem, was sie arbeiteten, hatten sie oft wenig oder gar nichts zu essen. Aber die Getreideernte war eine besondere Gelegenheit. Meine Mutter kochte für alle einfache, ursprüngliche Gerichte. Ich möchte es so tun wie sie: einfach und ursprünglich. Das ist die Basis für jedes Rezept und garantiert ein gutes Ergebnis.

Mein Vater hieß Dino. Auch er lebte und arbeitete in Montalcino in dem Podere Poggiarellone. In der Familie waren sie mehr als 20 und oft reichte das Brot nicht für alle. Dino und Elvira heirateten 1932. Elvira ging nach Poggiarellone, das an Vallosi grenzte. Elvira erzählt: »Es gab alle Arten von Tieren – Mastschweine, Schafe, Hühner, Rinder, die den Pflug ziehen mußten. Wir aßen immer das Gleiche: viel Brotsuppe, mit getrocknetem Brot und dem Wasser, in dem die Gemüse gekocht wurden: Kohl, Kartoffeln, Karotten. Wenn es gut ging, gab es auch Bohnen. In Poggiarellone machten wir auch Öl und Wein für den Hausgebrauch. Wenn ein Faß übrig blieb, wurde es verkauft.«

Was für Zeiten. Und wie weit weg sie zu sein scheinen. Wie weit weg sie sind. Heute ist alles anders. Wer weiß schon, was von Poggiarellone übriggeblieben ist? Manchmal schaue ich in den Teller, aus dem ich esse

und denke an die Hügel von Montalcino. Die sind in mir drin geblieben. Heute ist die wichtigste Verbindung eine sentimentale und geschmackliche, das Essen, die Küche.

Ich bin nicht wie mein Onkel Nello. Ihm ist das Land von Montalcino für immer im Kopf geblieben. Er nimmt es sogar mit ins Bett. Heute lebt er in Lucignano, einem kleinen Weiler in der Nähe von Monteroni, eine Handvoll Kilometer von Siena entfernt. Seitdem er den Hof verlassen mußte, konnte er sich nicht integrieren. Sie haben mich gefragt, ob er verrückt geworden sei. Jeden Abend vor dem Einschlafen stellt er seinen Spaten und seine Hacke in die Ecke seines Schlafzimmers. Von wegen verrückt. Er trennt sich nicht von seiner Arbeit, seiner Kultur, die nicht auf gedruckten Seiten geboren wurde, sondern auf der harten Erde, die er mit der Hacke geduldig zerkleinerte. Sein Kino waren die Sonnenuntergänge gegen den Monte Amiata, seine Discoteca eine Polkarunde im Hühnerstall nach der Ernte. Seine Bücher waren seine Pachtbriefe, in denen die Rechnungen immer zugunsten des Besitzers aufgingen. So wird man nicht verrückt. Man erkrankt höchstens, am Fortschritt.

Und nachdem wir alle ein bißchen erkrankt sind, will ich wieder versuchen, gesund zu werden. Die Kur ist die, die mir der Onkel Nello gezeigt hat. Die Rückkehr zu meiner Kultur. Zu der der Väter und der Großväter. Zu der, die ich für meine Kinder möchte. So habe ich mir einen Bauernhof in Montalcino gekauft. Ich habe gut angefangen. Der Hof La Chiusa, meiner, ist umgeben von Verwandten: ich habe Leute wiedergefunden, die ich fast nicht mehr zu kennen glaubte.

La Chiusa hat eine Anbaufläche von 5 Hektar und produziert Wein, Öl und Gemüse ohne Chemie. Der Wein ist wichtig. Er muß 4 Jahre in Eichenfässern reifen. Erst danach ist er Brunello, ein Klassiker dieser Hügel. Ein Bruder des Brunello ist der Rosso di Montalcino, der aber nicht so lange reift. Ich möchte auch einen Barriquewein erzeugen, in kleinen Eichenfässern, in denen der Wein besser mit dem Holz in Kontakt kommt und mehr von dessen Duft und Geschmack annimmt. Dieser neue Wein soll Corbaio heißen, senesisch für Rabennest. Das ist nicht zufällig. In den Reben bauen die Raben ihre Nester. Ich mag sie trotz ihres schlechten Rufes. Sie haben einen weiten Blick und hören gut und können bis acht zählen. Sie sind intelligent. Nur der Fuchs in den Fabeln des Äsop überlistet den Raben. Aber das ist eine Fabel.

Die Erfahrung im Weinbau kommt von meiner Tante Fortunata, die den Brunello Paradiso anbaut. Erst seit 1981 füllt sie ihren Wein ab. Ein magisches Produkt, das aus der Erde kommt, fast wie der Duft des Grases, nachdem es geregnet hat. Tante Fortunata hat dank der Qualität ihres Weines und der Leidenschaft, mit der sie ihn macht, eine treue

Kundschaft. Dank ihrer Erfahrung und der ihrer Familie kann auch ich einen kleinen Keller betreiben, ganz klein, der einen Wein wie ihren hervorbringen soll.

Die toskanische Tradition erzählt von der Euphorie des Weines und der Stille des Öls. Wenn der Wein Lustigkeit und Lärm ist, so ist das Öl Wohlerzogenheit und Stille. Es fließt langsam.

Aber auch das Öl, um wahr zu sein, braucht besondere Pflege. Die mit der Hand gepflückten Oliven werden mit dem Stein zermahlen und kalt gepreßt. Das Produkt ist grün wie frisches Korn, von kräftigem Geschmack, der lange anhält ohne alles zu überdecken. Ein Teil des produzierten Öls ist für die Gäste der Osteria Le Logge bestimmt. Was übrig bleibt, soll in Zukunft in Gefäße aus mundgeblasenem Glas abgefüllt werden, denn Öl ist wertvoll.

Die Erde von Montalcino ist besonders großzügig. Sie gibt nicht nur einen in der Welt einzigartigen Wein und ebensolches Öl. Dem, der sie kultiviert, schenkt sie auch Gemüse mit dem Geschmack von einst. Natürlich muß man die Chemie vergessen. Man muß Mut haben und Vertrauen. Die Tomaten, Auberginen, Zucchini, Kartoffeln, Artischokken, Salate aus der Gegend von Montalcino gehen einen alten Weg. Wie tausende von Malen davor den Weg vom Land in die Stadt. Es passiert aber heute selten. Am Samstag bringen die wenigen übrig gebliebenen Bauern ihr Gemüse auf den Markt. Von ihnen habe ich versucht zu lernen und bin neugierig zu sehen, wie das enden wird. Eigentlich will ich die Erde von Montalcino auf den Tisch bringen. Die Richter meines Versuches werden die Freunde sein, alle die, die täglich in die Osteria zum Essen kommen.

Die Verwaltung liegt in den Händen von Laura, meiner Lebensgefährtin, die sich mit Buchhaltung und Wirtschaften, im Gegensatz zu mir, auskennt. In Le Logge gäbe es ohne sie nur Bündel mit Rechnungen. Laura ist wichtig. Jemand hat sie beschrieben als »biblische Frau, die durch ihre Mühen strahlt«. Und er hat nicht unrecht.

So ist am Ende mein Traum erzählt. Ich arbeite schon ein Leben lang an diesem Traum und warte auf die Ernte. Und wenn ich mich einmal aufs Altenteil zurückziehen kann, werde ich in die Politik gehen – in die gastronomische Politik, denn gut essen ist ein Stück aus der Kultur unserer Vergangenheit – gesund essen ist unentbehrlich für eine Kultur der Zukunft.

Gianni Brunelli

Profumo . . . di Brunelli

Il profumo del vino
è l'odore della terra in cui nasco
e rinasco ogni volta che ci torno
il sapore del vino
mi accompagna e non mi lascia

fa parte della vita come il respiro
mi fa cantare l'anima
mi fa sentire vicino alla gente
mi fa amare piú forte.
Il vino è nella radice del mio corpo
in movimento

è la sorgente delle note
che si aggrappano
alla melodia
è l'ebrezza che
ti fa sentire di dove sei
in mezzo ai campi di ogni paese.
E' vino quello che è vino.

Diesen Liedtext hat Gianna Nannini während ihrer Arbeit an dem dann veröffentlichten und zum internationalen Hit gewordenen Song »Profumo« geschrieben. Er handelt von den Gerüchen des Weines und der Sieneser Erde, mit denen sie aufgewachsen ist, von der Verankerung dieser Gerüche in ihrem Gedächtnis, ihrer Seele, ihrem Körper und wie diese Erinnerungen ihr zu Melodien werden.

Sie hat den Text Gianni für dieses Buch gewidmet, weil sie damit ebenso wie er Einblick in den Ablauf ihrer Arbeit gibt.

Osteria Le Logge

Aperitivo Le Logge

5 Teile weißer Schaumwein
1 Teil Campari
2 Teile roter Wermuth
einige Tropfen Fernet Branca
Eiswürfel

Oder man trinkt einen der einfachen Weißweine des Chiantigebiets als Aperitiv, die aus den Traubensorten Trebbiano oder Malvasier gekeltert sind, den weißen Trauben, die traditionell dem roten Chianti zu mindestens 2 % hinzugefügt werden. Der auch aus der Toskana stammende Weißwein Galestro enthält noch ca. 20–30% Chardonnay oder weiße Pinottrauben und ist wegen seines geringen Alkoholgehaltes von 9–10 % als Sommerwein ebenso beliebt wie als Aperitiv.

All diese Weißweine sollten ca. 8° C kühl sein und aus dem letzten Erntejahr stammen.

MPHFF...
tappi
18.2.84; Siena

Insalata Caprese

Salat ›Capri‹

500 g runde reife Tomaten
250 g Mozzarella

Die Tomaten so aufschneiden, daß sie am Stielansatz noch zusammenhängen, auffächern und zwischen die Scheiben feine Streifen Mozzarella legen. Mit einer Marinade aus

Olivenöl
Basilikum
wenigen feingewiegten Kapern
Oregano
Salz und Pfeffer

übergießen. Ziehen lassen. Mit Basilikumblättern garnieren und servieren.

Eine weitere beliebte Vorspeise der Toskana sind die berühmten crostini, die Weißbrotscheiben mit Lebercreme, Pilzen, Tomaten oder einfach mit Knoblauch und Olivenöl.

Wenn vor Capri die rote Sonne ins Meer versinkt …

„Insalata Caprese"

Crostini di funghi

Geröstete Brotscheiben mit Steinpilzen

ZUTATEN FÜR 4 PERSONEN

400 g frische Steinpilze
Petersilie
2 Zehen Knoblauch
Olivenöl
Weißbrot
Salz, Pfeffer

Petersilie und Knoblauch fein hacken und in etwas Olivenöl anbräunen, die feingeschnittenen Steinpilze dazugeben und für ca. 20 Minuten auf kleinem Feuer kochen. Mit Salz und Pfeffer abschmecken und auf gerösteten Weißbrotscheiben warm servieren.

Antipasto di milza

Milzcreme auf Brot

Zutaten für 4 Personen

200 g gehackte Milz (möglichst vom Kalb)
1 Zwiebel
1 Selleriestange
1 Karotte
Petersilie
1 Zweig Rosmarin
3 Salbeiblätter
2 Knoblauchzehen
1 Glas herben Weißwein
50 g Kapern
3 Eßlöffel Sardellenpaste
Weißbrotscheiben
Öl
Butter

Zwiebel, Sellerie, Karotte, Petersilie, Rosmarin, Salbeiblätter und Knoblauchzehen kleinhacken (Wiegemesser oder Mixer), in Öl und Butter anbräunen, die Milz dazugeben, salzen und pfeffern und auf kleinem Feuer unter ständigem Umrühren für ca. 15 Minuten köcheln lassen, Weißwein dazugeben und weitere 20 Minuten garen. Separat die kleingehackten Kapern in etwas Öl ca. 5 Minuten dünsten, vom Feuer nehmen und die Sardellenpaste unterrühren und mit dem Inhalt des anderen Kochgefäßes mischen. Die dabei entstandene Paste, die schön fest sein soll, auf geröstete Weißbrotscheiben streichen, die man vorher noch mit ganz wenig warmer Fleischbrühe anfeuchten kann.

Ribollita

›Wiederaufgekochte‹ toskanische Bauernsuppe

150 g weiße Bohnen (über Nacht eingeweicht)
Olivenöl
1 große Zwiebel
2 Stangen Sellerie
200 g Karotten
1 Bund Petersilie
250 g Mangoldblätter
250 g Blattspinat
100 g Zucchini
100 g Kohlblätter
250 g Tomaten (oder eine kleine Dose geschälte Tomaten)
250 g Kartoffeln
Altbackenes Weißbrot
3 Knoblauchzehen
Salz, Pfeffer

Das Gemüse waschen und putzen.

Die Tomaten häuten. Die Kartoffeln schälen. Die eingeweichten weißen Bohnen garen.

In einem großen Topf reichlich Olivenöl erhitzen. Zwiebel, Sellerie, Karotten und Petersilie feinhacken und im heißen Öl anbraten.

Mangold, Spinat, Zucchini, Kohl und Tomaten grob zerkleinern und dazugeben, dünsten, bis das Gemüsewasser auszutreten beginnt. Etwa 1 l warmes Wasser auffüllen, die kleingeschnittenen Kartoffeln zufügen und 10 Minuten köcheln lassen.

Die Hälfte der inzwischen gegarten Bohnen pürieren. Das Püree und ganze Bohnen in die Suppe geben. Ab jetzt soll das Ganze auf kleinster Flamme 2 ½ Stunden vor sich hinköcheln.

Danach wird die Suppe mit Salz und Pfeffer abgeschmeckt und abwechselnd mit Lagen altem, feingeschnittenem Weißbrot in eine große irdene Schüssel geschichtet. ½ Stunde soll alles durchweichen.

Eine Ribollita wird diese Suppe erst, wenn sie nun noch einmal aufgekocht wird.

Da gibt es zwei Rezepte.

Einmal werden in einem großen Kochtopf in reichlich Olivenöl die Knoblauchzehen erhitzt, die Suppe hineingefüllt und unter kräftigem Rühren für noch einmal 10 Minuten durchgekocht.

Das wird eine sämige Ribollita.

Oder aber der Boden einer großen irdenen Schüssel wird mit Olivenöl bedeckt, die gehackten Knoblauchzehen werden hineingestreut, die Suppe darübergefüllt und im Herd bei 180° C gebacken, bis sich auf ihr eine leichte goldene Kruste bildet.

Diese Ribollita hat noch ein wenig Biß.

Eine Ribollita kann so richtig nur in der Toskana gelingen, denn eigentlich genügt es nicht, irgendeinen Kohl zu ihrer Zubereitung zu verwenden, sondern es sollte der brassica oleracea acephala oder cavolo nero sein, den man schon in anderen Regionen Italiens kaum, geschweige denn in Deutschland überhaupt findet. Deshalb schaut der Zöllner an der Grenze bei echten Ribollitafans oft etwas fassungslos in einen mit dunkelgrünen Blättern gefüllten Kofferraum, derweil der toskanische Bauer nichtsahnend ob solcher Probleme über seine Ribollita noch etwas grobgeschnittene, rohe weiße Zwiebel streut und das Ganze mit einem Schuß dickflüssigem, trüben, kaltgepreßten Olivenöl aus dem eigenen Keller übergießt.

Pasta fatta in casa

Hausgemachte Nudeln

Für 5 Personen

1 kg Mehl
5 Eier
5 Eßlöffel Olivenöl
Salz
5 Eßlöffel Wasser

Zur Zubereitung echter italienischer Nudeln verwendet man vorzugsweise Hartweizenmehl bzw. ein Gemisch aus diesem und Weizenmehl vom Typ 00. Den Teig bereitet man, indem man die Eier, das Wasser, das Öl und etwas Salz miteinander verquirlt und dann nach und nach ca. die Hälfte des Mehls unterrührt, wobei ein konsistenter Teig entsteht. Aus dem restlichen Mehl einen Krater auf dem Nudelbrett anhäufen, den bisher entstandenen Teig hineingeben und mit der Hand durchkneten, bis die Teigmasse kein weiteres Mehl mehr aufnimmt. Den Teig in zwei, drei Teile teilen, jedes mit dem Nudelholz dünn ausrollen und mit einem Tuch bedeckt ca. 10 Min. ruhen lassen. Danach den Teig locker aufrollen und diese Rollen mit dem Messer in 1–2 cm breite Streifen schneiden. Die so entstandenen Bandnudeln der Länge nach auf ein Tuch ausbreiten und noch am selben Tag kochen, wobei die stark verkürzte Kochzeit bei frischen Nudeln zu beachten ist. Die Teigrollen können natürlich auch sehr fein aufgeschnitten werden und ergeben so Tagliolini oder Spaghettini oder sie werden in kurzen und unregelmäßige Formen geschnitten und dann Maltagliati genannt. Schöne runde Spaghetti und eine Unzahl weiterer Nudelformen lassen sich heute leicht mit überall erhältlichen kleinen Maschinchen formen, das Produkt ist auch dann eine unvergleichliche Pasta fresca. Alle Nudeln aber, frische wie getrocknete, sollten in Wasser mit grobem Meersalz gekocht werden, wobei man bei getrockneter Pasta 80 g/Person bei einem mehrgängigen Menu rechnet und 100 g, wenn den Nudeln weder viel vorausging, noch wesentliches nachfolgt.

Keiner macht Nudeln besser als die Mama

Auch wenn die toskanische Küche eine ganze Reihe köstlicher Suppen als ersten Gang kennt, so ist doch die Pasta, das Nudelgericht, hier wie in ganz Italien nicht wegzudenken. Am besten sind natürlich die hausgemachten.

Paglia e fieno

Stroh und Heu

Für 5 Personen

Für die Nudeln:

1 kg Mehl
5 Eier
5 Eßlöffel Olivenöl
Salz
5 Eßlöffel Wasser
500 g Blattspinat

Für die Sauce:

1 Zwiebel
400 g geschälte Tomaten
200 g Erbsen
200 g rohen Schinken
Salz
Pfeffer
Olivenöl
80 g Parmesankäse

Den Spinat in ganz wenig Wasser ohne Salz kochen und passieren. Die eine Hälfte der Nudeln wird normal, wie unter »pasta fatta in casa« beschrieben, zubereitet, bleibt gelb und wird das »Stroh«. Die andere Hälfte, das Heu, wird grün, indem in den Teig der Spinat hineingearbeitet wird. Beide Nudelsorten gleich lang (bzw. kurz, »al dente«) kochen.

Für die Sauce die kleingeschnittene Zwiebel in Öl ausdünsten, die Tomaten dazugeben und ca. 10 Min. auf kleiner Flamme ziehen lassen. Die separat in etwas Salzwasser gekochten Erbsen dazufügen, ebenso den in kleine Würfel geschnittenen Schinken und salzen.

Die frisch gekochten Nudeln mit der Sauce gut vermischen und mit Parmesan bestreuen.

Gar nicht so trocken wie man meinen könnte

„PAGLIA E FIENO
CON
PISELLI E PROSCIUTTO"

Spaghetti alle uova di pesce

Spaghetti mit Fischeiern

Für 4 Personen

400 Spaghetti
300–400 g Rogen von Meeräschen, Makrelen oder Seebarsch
50 g Butter
einige Blätter Salbei
Salz

Die Butter schmelzen lassen, Salbeiblätter hinzufügen, ebenso die Fischeier. Erhitzen, bis die Eier sich aufzulösen beginnen. Mit den frisch gekochten Nudeln vermischen und servieren.

Spaghetti al pesto

Für 4 Personen

400 g Spaghetti
300 g frisches Basilikum
4 Knoblauchzehen
80 g Parmesankäse
reichlich Olivenöl

Basilikum vorsichtig waschen und trocknen, die Stiele entfernen, die Blätter leicht zerpflücken und mit den grob gehackten Knoblauchzehen in einem Mörser zerstoßen, bis eine homogene Masse entsteht. Diese in eine Schale geben, mit dem geriebenen Parmesankäse vermischen und mit Olivenöl auffüllen, bis das pesto eine cremige Konsistenz hat. Etwas ziehen lassen. Die Spaghetti al dente kochen, gut abtropfen lassen und in dem Pesto wenden.

Traum und Wirklichkeit

3.'85 * Sina

Tortelloni al sugo di piselli

Tortelloni mit Erbsensauce

Für 4 Personen

400 g Tortelloni
1 Zwiebel
100 g fetter Bauchspeck
8 Tomaten
Olivenöl
400 g Erbsen
Salz und Pfeffer aus der Mühle

Die Zwiebel in feine Ringe schneiden, den Speck würfeln. Die Tomaten überbrühen, enthäuten und in kleine Stücke schneiden.

Zwiebelringe und Speck in heißem Olivenöl anbräunen. Tomaten und Erbsen dazugeben, leicht salzen und pfeffern und unter Zugabe von nur wenig Wasser köcheln lassen, bis die Erbsen gar sind, jedoch noch etwas Biß haben.

Inzwischen die Tortelloni kochen, gut abtropfen lassen, mit der Sauce mischen und anrichten.

Tagliolini all' Osteria

Feine Bandnudeln nach Art des Hauses

Für 4 Personen

400 g Nudeln
400 g Eiertomaten
einige Blätter frisches Basilikum
80 g Parmesankäse
1 gestrichener Eßl. getrockneten Oregano
250 g Crème fraîche
Salz

Die Tomaten dünsten und pürieren.

Basilikumblätter zerpflücken, den Parmesankäse reiben. Die Crème fraîche kurz aufkochen. Tomatenpüree, Basilikum, Parmesankäse und Oregano hineinrühren, leicht salzen. Das Ganze noch einmal erhitzen, mit den inzwischen al dente gekochten, gut abgetropften Tagliolini vermischen und servieren.

Fettuccine al tartufo

Bandnudeln mit Trüffel

Für 4 Personen

400 g Nudeln
100 g Butter
ca. 40 g Trüffel

Die Nudeln al dente kochen. In einer weiten Kasserolle die Butter schmelzen lassen, die Hälfte des Trüffels hineinhobeln und etwa 5 Minuten auf kleinster Flamme unter vorsichtigem Rühren erwärmen. Die gut abgetropften Nudeln dazu geben und einige Minuten wenden. Auf vorgewärmte Teller geben und den restlichen Trüffel darüberhobeln.

Maccheroni al sugo di zucchini

Makkaroni mit Zucchini

Für 4 Personen

400 g Makkaroni
400 g Zucchini
Mehl
Frittieröl
Olivenöl
2 Knoblauchzehen
6 Tomaten
2 getrocknete Pfefferschoten (peperoncini)
Salz
80 g Parmesankäse

Die Zucchini waschen, die Stielansätze entfernen und in Scheiben schneiden, leicht mit Mehl bestäuben und kurz fritieren. Auf Küchenpapier das Fett abtropfen lassen.

In einer Kasserolle Olivenöl erhitzen, die Knoblauchzehen darin andünsten, die gehäuteten, gewürfelten Tomaten und die zerkleinerten Pfefferschoten dazugeben und etwa 15 Minuten auf kleiner Flamme ziehen lassen. Die Zucchinischeiben hinzufügen, salzen und noch einmal alles 10 Minuten köcheln lassen. Die inzwischen al dente gekochten Nudeln in die Gemüsepfanne geben, den geriebenen Parmesankäse darüber streuen und das Ganze vorsichtig durchmischen.

Penne al tonno

Penne mit Thunfisch

Für 4 Personen

400 g Penne (kurze, gerillte, schräggeschnittene Röhrennudeln)
2 Zehen Knoblauch
1 kl. Bund Petersilie
1–2 getrocknete Pfefferschoten (peperoncini)
Salz
3 Eßlöffel Olivenöl
200–300 g Thunfisch (in Scheiben oder Bauchfleisch)
1 Handvoll schwarze Oliven
4 Tomaten

Knoblauch und Petersilie kleinhacken und in Öl leicht anbräunen. Die Pfefferschoten kleinbröseln und darüberstreuen, salzen, Oliven, gehäutete und gewürfelte Tomaten und den Thunfisch dazugeben. Bei niedriger Temperatur garen. Wenn möglich frischen Thunfisch verwenden und beim Garen mit dem Holzkochlöffel zerkleinern, nicht schneiden.

Penne al crudo

Penne mit kalter Tomatensauce

Für 4 Personen

400 g Penne
800 g Tomaten
1 Bund Basilikum
Salz
1 Handvoll schwarze Oliven
2–3 Eßl. Olivenöl

Die Tomaten mit kochendem Wasser überbrühen, häuten, die Stielansätze herausschneiden und fein würfeln. Die Basilikumblätter zerpflücken und salzen. Oliven entkernen und etwas zerkleinern. Alles zu einer Paste rühren und diese unter die heißen Nudeln mischen und mit Olivenöl beträufeln.

... mit festem Biß ...

Weine: die leichten Toskaner

Zur Pasta eignen sich weiße, rote oder Roséweine. Bei den Weißweinen etwa ein Sauvignon, ein nicht zu schwerer vino da tavola, der seit ca. 5 Jahren mit sehr schönen Erfolgen in der Toskana angebaut wird. Er hat einen würzigen Kräutergeschmack und sollte mit etwa 12°C getrunken werden.

Bei den *Rotweinen* empfiehlt sich ein Chianti annata, ein junger Chianti, der bereits 6 Monate nach der Ernte in den Handel kommt. Er hat noch den Geschmack des Mostes und wird nach dem in der Toskana traditionellen Verfahren des sog. governo nachvergoren.

Es muß hier übrigens nicht immer ein Chianti Classico sein, auch aus dem Gebiet des Chianti Putto, z. B. aus den Colli Senesi, den Hügeln um Siena, kommen sehr gute Weine.

Bei den *Roséweinen* bietet die Toskana zwei bemerkenswerte Sorten – den vin ruspo, einen leichten Wein aus Sangiovese-Trauben, die wie weiße Trauben vergoren wurden und der aus dem kleinen Anbaugebiet von Carmignano, westlich von Florenz, stammt und den berühmteren Rosé di Bolgheri aus der toskanischen Maremma.

Non basta la pasta

Alle Nudelgerichte werden in der italienischen Küche à la minute zubereitet. Die frisch gekochten Nudeln werden mit der ebenfalls frisch zubereiteten Sauce in deren Topf gut vermischt und erst dann einzeln auf vorgewärmten Tellern oder in einer Schüssel serviert. Einzige Ausnahme sind die berühmten Spaghetti Bolognese, bei denen die Soße erst auf dem Teller auf die Spaghetti gegeben wird. Und gleich noch eine Ausnahme: die Sauce Bolognese wird nicht mit Olivenöl, sondern nur mit Butter zubereitet.

Apropos Olivenöl: Zur toskanischen Küche gehört das besonders säurearme toskanische Olivenöl, natürlich kaltgepreßt, das schon den Etruskern heilig war und nicht nur als Nahrungsmittel, sondern auch als Medizin Verwendung fand. Im Altertum wurde dieses Öl auch gewürzt, indem man peperoncini einlegte, die wir heute meist in getrockneter Form verwenden und die es in Deutschland unter der Bezeichnung Chillischoten oder Cayenne-Pfeffer ganz zu kaufen gibt. Sie werden mit den Fingern zerkleinert, man sollte sich aber hüten, sich danach etwa die Augen zu reiben.

Noch ein Wort zum Knoblauch. Mit ihm geht die italienische Küche, entgegen mancher Vorurteile, eher sparsam um. Meist wird eine Knoblauchzehe nur mit dem Handballen zerdrückt und mitgekocht und vor dem Servieren wieder entfernt. Möchte man den Knoblauch aber mitessen, so sollte man den schwerverdaulichen, inneren grünen Kern entfernen. Der wichtigste Bestandteil vieler Nudelsaucen ist und bleibt die Tomate, pomodori – goldene Äpfel, wie sie ein Arzt aus Siena im 16. Jahrhundert taufte. Die beste und geeignetste ist die Sorte San Marzano aus der Gegend von Neapel. Sie reift gleichmäßig, ist leicht zu schälen und da der Stiel beim Pflücken leicht von der Frucht zu trennen ist und dabei kein Loch hinterläßt, eignet sie sich bestens zum Einmachen. Deshalb keine Scheu vor Dosentomaten. Wenn es die richtigen sind, sind sie ebenso gut wie die im Glas eingemachten jeder klassischen italienischen Mama. Zusammen mit ein paar zerrupften, nicht geschnittenen Basilikumblättern – eine wahre Köstlichkeit.

Risotto alle punte di asparagi

Spargelspitzenrisotto

Für 4 Personen

1 kg grüne Spargel
Pfeffer aus der Mühle
Salz
40 g Butter
1 kleine Zwiebel
400 g Rundkornreis (italienischer Risottoreis)
50 g Parmesankäse
2 Eßl. süße Sahne

Spargel putzen und bündeln. Die Bündel in einem hohen Kochtopf 5 Minuten in kochendem Salzwasser angaren. Dabei sollen die Spargelköpfe aus dem Wasser ragen. Die Köpfe von den Stangen schneiden, die Stangen in das kochende Wasser zurückgeben und fertiggaren.

Derweil in der Hälfte der Butter die sehr feingehackte Zwiebel glasig dünsten und die Spargelköpfe einige Minuten darin schwenken. Salzen, pfeffern und warm halten.

Die Spargelstangen in Stücke schneiden und pürieren. Den Reis mit dem Spargelpüree in einen schweren Kochtopf geben, mit Spargelwasser bedecken und bei lebhafter Hitze unter häufigem Rühren etwa 15–20 Minuten kochen. Immer wieder Spargelwasser angießen, um den Reis feucht zu halten, ein Risotto soll sämig sein.

Wenn der Reis ausgequollen ist, das Korn darf noch ein wenig Biß haben, die restliche Butter, den geriebenen Parmesankäse und die Sahne hineinrühren. Das Risotto in eine vorgewärmte Schüssel füllen, mit den warmen Spargelköpfen mischen und servieren.

DE HONESTA VOLUPTATE... 3.*85
„RISOTTO DI ASPARAGI VERDI" * Sina *

Risotto alle fragole

Erdbeerrisotto

Für 4 Personen

1 Zwiebel
20 g Butter
600 g Erdbeeren
Salz, Pfeffer aus der Mühle
1 Glas Sherry
1 l Fleischbrühe
400 g Rundkornreis
4 Eßl. süße Sahne
50 g Parmesankäse
einige Basilikumblätter

Die Zwiebel feinhacken und in einem Kochtopf mit schwerem Boden in der zerlassenen Butter glasig dünsten. Die Erdbeeren putzen und waschen. Einige Früchte beiseitestellen, die anderen vierteln und zu den Zwiebeln geben. Mit einer Prise Salz und frisch gemahlenem Pfeffer würzen. Den Sherry angießen. Das Ganze ein wenig durchziehen lassen.

Die Brühe erhitzen.

Den Reis in das Erdbeer-Zwiebel-Gemisch rühren, mit heißer Brühe bedecken und unter Rühren etwa 20 Minuten köcheln lassen. Dabei wiederholt so viel Brühe angießen, daß das Gericht eine leicht sämige Konsistenz hält. Wenn der Reis ausgequollen ist – das Korn soll noch einen Hauch Biß haben – die Sahne und den geriebenen Parmesankäse vorsichtig unterheben.

Das Risotto in einer vorgewärmten Schüssel, garniert mit Erdbeeren und Basilikumblättern, servieren.

Pollo alla cacciatora

Huhn nach Jägerart

Für 4 Personen

1 junges Huhn (bzw. 2 Hühner ohne Brüste)
Mehl
Olivenöl
Salz
einige Blätter Salbei
1 Glas Weißwein
500 g Tomaten
Hühnerbrühe

Dieses Rezept läßt sich mit einem ganzen Huhn oder mit den, nach Entfernung der Hühnerbrüste (für folgende Rezepte) übrig gebliebenen Teilen zubereiten.

Das Huhn in kleine Teile zerlegen (dabei kann ein kleines Küchenbeil sehr hilfreich sein). Die Teile mit Mehl bestäuben. In einer großen Pfanne Olivenöl erhitzen, die Hühnerteile hineingeben, salzen, die Salbeiblätter hinzufügen und von allen Seiten anbraten. Nach und nach eßlöffelweise Weißwein über das Fleisch geben und wieder verdampfen lassen, so daß er nur sein Aroma an das Fleisch abgibt.

Die Tomaten häuten, würfeln und in die Fleischpfanne geben. Unter mehrfachem Angießen von wenig Hühnerbrühe langsam alles gar köcheln.

Petti di pollo alla piastra

Gegrillte Hühnerbrust

Für 4 Personen

2 Hühnerbrüste
Olivenöl
Zitronensaft
1 Knoblauchzehe
Salz, Pfeffer
einige Blätter Salbei
ein kleiner Zweig Rosmarin

Mit einem sehr scharfen Messer beide Brusthälften aus Brust- und Rippenknochen lösen. Die Filets der Länge nach halbieren. Mit Olivenöl, etwas Zitronensaft und der zerdrückten Knoblauchzehe einreiben.

Jetzt das Fleisch auf den Grill (evtl. unter den gut vorgeheizten Elektrogrill oder in die heiße Grillpfanne) geben. Salzen, Pfeffer drüber mahlen und mit zerrebeltem Salbei und Rosmarin überstreuen. Nach einigen Minuten wenden, nochmals mit Salz, Pfeffer und den Kräutern bestreuen. Wenn beide Seiten knusprig braun sind, die Filets auf warmen Tellern anrichten.

Als Beilage empfiehlt sich ein sahniges Kartoffelpüree.

Petti di pollo alla panna

Hühnerbrust in Sahne

Für 4 Personen

2 Hühnerbrüste
Mehl
1 Eßl. Butter
Salz, Pfeffer aus der Mühle
ein wenig Cognac
½ Becher Schlagsahne

Die Hühnerbrüste aus den Knochen lösen. Die Filets mit Mehl leicht besieben. Die Butter in einer Pfanne schmelzen, die Filets darin anbraten, leicht salzen und pfeffern, wenden, mit Cognac beträufeln und die Sahne angießen. Jetzt noch etwa 5 Minuten bei kleiner Hitze in dem Fond ziehen lassen. Das Fleisch auf warmen Tellern bereithalten, in den Fond noch einige Tropfen Cognac rühren, passieren und teelöffelweise auf die Hühnerfilets füllen.

Bestehen Sie beim Kauf eines Huhns immer auf einem Freilandhuhn, möglichst einem, das mit Mais, Gries und Kleie und nicht mit Fischmehl gefüttert wurde. Sie werden den Unterschied schmecken.

Faraona farcita
Gefülltes Perlhuhn

Für 4 Personen

1 Perlhuhn (ca. 1,5 kg) mit Leber und Herz
1 Salsiccia (frische toskanische Wurst, ersatzweise 50 g Bratwurstbrät grob, abgeschmeckt mit etwas Knoblauch und Fenchelsamen)
50 g roher Schinken
5 schwarze Oliven
1 Ei
2 Eßlöffel geriebener Parmesan
1 Bund Petersilie
6–8 Blätter Salbei
Olivenöl
2 große Scheiben in Milch eingeweichtes Weißbrot
1 Teelöffel Salz
1 Glas trockenen Weißwein

Sollte man nicht über das praktische, moderne Huhn unserer Illustration verfügen, sondern noch über die antike Form, die schon im alten Ägypten domestiziert wurde und daher im Italienischen noch heute als Huhn der Pharaonen bezeichnet wird, muß man dem gerupften und ausgenommenen Huhn nach Entfernung des Halses die obere Öffnung verschließen und die untere Öffnung für die Füllung vorerst offen lassen.

Für die Füllung Leber, Herz, Schinken, Petersilie und Oliven kleinschneiden, mit dem Ei, dem geriebenen Parmesan, der Wurstfüllung und dem in Milch eingeweichten Weißbrot gut vermischen, salzen und die Masse in das Perlhuhn füllen. Das Huhn mit Zahnstochern oder Bindfaden gut verschließen und in einen offenen Bräter im Ofen mit Öl übergießen, die Salbeiblätter dazulegen und bei 200° C eine gute Stunde braten. Während des Garens rundherum die Haut einstechen und wiederholt mit Weißwein und Bratensaft begießen, damit alles schön knusprig und braun wird. Das Perlhuhn vierteln und servieren.

Wir sind stolz darauf, Ihnen unsere neueste Erfindung vorstellen zu können (Patent Le Logge)

FARAONA
FARCITA

Tacchino ripieno

Gefüllte Truthahnbrust

Truthahnbrust (etwa 400 g)
1 Zweig Rosmarin
8 Salbeiblätter
Salz und Pfeffer
4 Scheiben gekochter Schinken
4 feine Scheiben Fontina (ein leicht schmelzender, milder Käse aus dem Aostatal)
1 Eßl. Butter
1 Glas Weißwein

Die gehäutete und entbeinte Truthahnbrust in vier Scheiben (2–3 cm dick) schneiden, ein wenig klopfen und vorsichtig zu einem Rechteck ziehen, mit den zerrebelten Rosmarinnadeln und den gehackten Salbeiblättern bestreuen. Leicht salzen und pfeffern, mit den Schinken- und Käsescheiben belegen und zu Rouladen aufrollen. Mit einem Fleischfaden so binden, daß der schmelzende Käse nicht auslaufen kann. In einem Schmortopf die Butter zerlassen, die Rouladen leicht von allen Seiten anbräunen, den Wein aufgießen und im geschlossenen Topf im vorgeheizten Herd bei 220° C etwa 45 Minuten garen. Das Fleisch herausnehmen und mit dem Bratenfond beträufelt servieren.

Empfehlenswert sind australische Beutel-Truthähne, die bei uns aber nur schwer zu bekommen si

TTO DI TACCHINO RI
21.7.85

Collo ripieno con salsa verde

Gefüllter Gänsehals mit grüner Sauce

Für 4 Personen

1 Gänsehals ohne Knochen
200 g Tartar
2 salsicce (frische toskanische Würste, ersatzweise 100 g Bratwurstbrät mit etwas Knoblauch und Fenchelsamen abgeschmeckt)
50 g durchwachsener Speck
50 g gekochter Schinken
2 Eier
eine in Milch eingeweichte Weißbrotscheibe
2 Eßlöffel geriebenen Parmesan
1 Eßlöffel kleingehackte Petersilie
Herz und Leber der Gans
Muskat
Salz
1 Bund Suppengrün

Für die Sauce

1 hartgekochtes Ei
1 Karotte
½ Stange Sellerie
4 Sardellenfilets (ersatzweise Sardellenpaste)
1 Knoblauchzehe
½ grüne Paprikaschote
1 Eßlöffel eingelegte Kapern
20 g Pinienkerne
200 g Petersilie
2–3 Essiggurken
½ Tasse Olivenöl
Saft einer halben Zitrone
Salz
frischer schwarzer Pfeffer

Zubereitung der Sauce:
Sardellenfilets mit Zitronensaft waschen, Paprikaschote über offenem Feuer drehen, damit sich die Haut besser entfernen läßt. Schote halbieren, entkernen und waschen. Nun alle festen Zutaten bis auf das Ei sehr fein zerkleinern, evtl. mit einer Küchenmaschine pürieren. Danach das hartgekochte Ei mit dem Messer zerkleinern und zusammen mit dem Öl und Zitronensaft gut mit der Masse vermischen, salzen und pfeffern. Die Sauce nun in einer Schüssel abgedeckt mindestens ½ Stunde kühlstellen.

Es handelt sich hier nicht um das Wappentier der Contrada L'Oca in Siena

Zubereitung des Gänsehalses:
Den Hals gut waschen und abtrocknen und an einem Ende zubinden. Leber und Herz kleinschneiden, ebenso Speck und Schinken und mit allen weiteren Zutaten vermischen, salzen und eine gute Prise geriebene Muskatnuß hinzufügen. Den Hals mit dieser Masse nicht zu prall füllen und auch das zweite Ende abbinden. In einer Brühe mit Suppengrün eine gute Stunde auf kleiner Flamme köcheln lassen. Noch heiß in Scheiben schneiden und mit grüner Sauce servieren.

Anatra all' uva

Ente mit Weintrauben

FÜR 4 PERSONEN

1 frische Ente
1 Zweig Rosmarin
6 Salbeiblätter
4 Knoblauchzehen
Salz und Pfeffer aus der Mühle
500 g helle, süße Weintrauben
Sonnenblumenöl
1 Glas trockener Weißwein

Die Ente gut waschen und trockentupfen. Die restlichen Kiele herausziehen.

Rosmarin, Salbei und Knoblauch feinhacken, mit Salz und Pfeffer vermengen und mit dieser Würzmischung die Ente innen ausstreichen.

Die Trauben waschen, trocknen und 4/5 der Früchte in die Ente füllen. Die Öffnung mit Holzstäbchen zustecken und mit einem Fleischfaden verschließen.

Den Herd auf 200° C vorheizen. Eine Kasserolle mit Sonnenblumenöl ausstreichen. Die Ente hineinlegen und in den heißen Herd schieben. Wenn sie gut gebräunt ist, mit Weißwein übergießen. Je nach Größe der Ente beträgt die Bratzeit 1–1 ½ Stunden. Während dieser Zeit mehrfach die Haut des Tieres einritzen und mit dem Bratensaft begießen.

Für die Sauce:

75 g Butter
1 Teelöffel Mehl
etwa 3/8 l milde Brühe
Zitronensaft
die restlichen Weintrauben
Entenfond
ein Schuß Weißwein

Die Butter schmelzen lassen, unter ständigem Rühren das Mehl hineingeben, nach und nach die Brühe angießen, mit Zitronensaft würzen, die halbierten Trauben hineingeben und unter vorsichtigem Rühren 15 Minuten köcheln lassen. Mit Entenfond und Weißwein abschmecken.

Die Ente tranchieren, die Teile auf einer vorgewärmten Platte anrichten und mit der Traubensauce überzogen servieren.

Quaglie allo spiedo

Wachteln am Spieß

Für 6 Personen

2 Knoblauchzehen
1 Zweig Rosmarin
5 Salbeiblätter
Salz, Pfeffer aus der Mühle
6 Wachteln
6 Salsicce
6 Scheiben Weißbrot
1 gelbe Paprikaschote

Knoblauch und Kräuter feinhacken, mit Salz und Pfeffer vermengen und mit dieser Mischung die Wachteln innen ausstreichen. Mit Holzstäbchen verschließen, mit Öl bestreichen. Die Wachteln im Wechsel mit Salsicce, Weißbrotscheiben und den Paprikavierteln auf einen Spieß stecken. Im Backofen oder über offenem Feuer grillen.

Sollten die köstlichen Salsicce in Deutschland nicht zu bekommen sein, so ist hier ein alternatives Rezept: Aus grobem Wurstbrät, der doppelten Menge der oben angegebenen Kräuter und Gewürze, gemahlenen Fenchelsamen, einer in Milch eingeweichten Weißbrotscheibe wird eine Masse bereitet, mit der die Wachteln gefüllt werden.

Piccione farcito

Gefülltes Täubchen

Für 2 Personen

1 Täubchen
50 g Bauchspeck (ungeräuchert)
1 Ei
1 Knoblauchzehe
1 Rosmarinzweig
6 Salbeiblätter
Salz, Pfeffer
1 Scheibe Weißbrot
Milch
Olivenöl
1 Glas Weißwein

Eine Farce bereiten aus den feingeschnittenen Innereien des Täubchens, dem sehr feingewürfelten Bauchspeck, Ei, gehacktem Knoblauch, den gewiegten Kräutern, Salz, Pfeffer und dem in Milch eingeweichten Weißbrot. Das Täubchen damit füllen. Die Öffnungen mit Holzstäbchen verschließen. In einer Kasserolle in heißem Öl das Tier von allen Seiten gut bräunen, Weißwein angießen und in geschlossenem Topf 30 Minuten, dann ohne Deckel weitere 15 Minuten schmoren.

Ein herr-liches Täubchen

„Picciane per il Signore"

Coniglio in tegame in bianco

Kaninchen in Weißweinsauce

Für 4–6 Personen

1 abgezogenes, ausgenommenes Kaninchen (ohne Kopf und Pfoten, ca. 1,5–2 kg)
Olivenöl
4 Knoblauchzehen
1 Zweig Rosmarin
10 Salbeiblätter
Salz und Pfeffer
2 Gläser Weißwein

Das Kaninchen waschen, trockentupfen und in 12 Teile zerlegen.

In einer großen, schweren Pfanne Olivenöl erhitzen, die ganzen Knoblauchzehen, den Rosmarinzweig und die zerrupften Salbeiblätter hineingeben. Die Kaninchenteile salzen und kräftig pfeffern und in dem Öl langsam und vorsichtig unter häufigem Wenden von allen Seiten anbraten. Das darf etwa 20 Minuten dauern. Das Fleisch mit Weißwein übergießen und zugedeckt bei kleiner Hitze 45 Minuten schmoren.

Zwischendurch die Fleischstücke wenden und eventuell Wein nachgießen. Mit der Sauce servieren.

Coniglio fritto

Gebackenes Kaninchen

Für 4–6 Personen

1 Kaninchen
Mehl
2 Eier
Salz und Pfeffer
1 Zitrone
Olivenöl

Das Kaninchen in (12 oder mehr) kleine Teile schneiden und mit Salz, Pfeffer und dem Saft der Zitrone gut einreiben und für mindestens eine halbe Stunde ziehen lassen. Die Stücke in Mehl wenden, die Eier gut verquirlen und die Fleischstücke anschließend darin wenden und in reichlich heißem Olivenöl gut 10 Min. lang ausbacken.

Coniglio con pinoli

Kaninchen mit Pinienkernen

Für 4–6 Personen

1 abgezogenes, ausgenommenes Kaninchen (ohne Kopf und Pfoten, ca. 1,5–2 kg)
50 g Pinienkerne
4 Zweige Rosmarin
5–6 Blätter Salbei
1 Knoblauchzehe
Salz und Pfeffer
Olivenöl
1 Glas trockenen Weißwein

Das Kaninchen waschen und trockentupfen.

Rosmarin, Salbei und Knoblauch mit dem Wiegemesser fein zerkleinern, salzen, pfeffern, mit dieser Gewürzmischung das Kaninchen innen und außen gut einreiben, die Pinienkerne in das Tier füllen und im Bräter mit etwas Öl anbraten. Danach im Backofen bei 200° C eine gute Stunde braten und zwischendurch immer wieder mit Weißwein übergießen. Wenn das Fleisch eine schöne rötlich-braune Farbe hat, das Kaninchen in 12 Teile zerlegen und mit den Pinienkernen und dem Bratensaft servieren.

Weine: toskanisch – vom vino da tavola bis zum DOC

Toskanische Weine, die sich zu den verschiedenen Hauptgerichten eignen, gibt es in Hülle und Fülle. Der zarte Geschmack von Geflügelfleisch könnte aber der Anlaß sein, eine der aufregendsten Entwicklungen im Weinbau Italiens mit eigener Zunge mitzuerleben.

Es gibt eine neue Kategorie von toskanischen Spitzenweinen, die unter der eigentlich diskriminierenden Bezeichnung vino da tavola, Tafelwein, verkauft werden müssen. Sie fallen nicht unter die gesetzlich geregelten Herkunftsbezeichnungen des DOC oder DOCG. Wie sie im einzelnen hergestellt werden, bleibt dem Qualitätsstreben des einzelnen Winzers überlassen.

So entstanden im letzten Jahrzehnt sehr individuelle elegante neue Weine mit ganz unterschiedlichen Traubenmischungen (neben Sangiovese- auch Cabernet-, Sauvignon- und Merlot-Trauben), die nur die Bezeichnung Barriqueweine verbindet, bezogen auf die kleinen Fässer aus junger aromatischer französischer Eiche, in denen sie reifen. Das Holz gibt den Weinen den typischen leichten Vanillegeschmack.

Viele dieser Weine gehören heute zu den absoluten Spitzenprodukten im italienischen Weinbau und wachsen auch international zu einer ernstzunehmenden und ernstgenommenen Konkurrenz zu den großen Bordeauxweinen heran.

Die toskanischen vini barrique lassen eine hohe Lagerfähigkeit erwarten und sollten mit einer Temperatur von 18° C aus mittelgroßen Bordeauxgläsern getrunken werden.

Bistecca alla fiorentina

Florentiner Steak

Das toskanischste und berühmteste Rindfleischgericht ist natürlich die Bistecca alla fiorentina. Man erzählt sich, daß im 16. Jahrhundert zum Fest des heiligen Lorenz im gleichnamigen Kirchensprengel von San Lorenzo in Florenz jährlich ein ganzer Ochse gebraten wurde und englische Touristen (die es bei uns schon damals gab) in ihrer Sprache um ein Stück Fleisch gebeten haben. Man gab ihnen ein besonders großes Rippenstück und seither nennt man diese Scheibe Rinderfilet mit Knochen (ca. 1 kg Gewicht) Bistecca. Aber echt ist sie nur dann, wenn es sich um Fleisch der weißen Rinder aus dem Chianatal handelt, einer Rasse ehemaliger Arbeitstiere, die schon fast ausgestorben war und heute mit Unterstützung der Region Toskana wieder in ihrer alten Heimat und in der Maremma gezüchtet wird. Die Rinder geben keine Milch, sind das ganze Jahr im Freien und ernähren sich von den üppig wachsenden Gräsern und Kräutern der Toskana. Das leicht verdauliche Fleisch ist deshalb äußerst schmackhaft und wird lediglich mit Salz und Pfeffer gewürzt, gegrillt und auf dem Teller mit wenig kaltem Olivenöl beträufelt.

Menù all' Osteria

Die Qualität der einzelnen Gerichte der Osteria Le Logge ist über jeden Zweifel erhaben, unsere Gerichte sind »molto in gamba«, wie man im Italienischen sagt und was wörtlich übersetzt nebenstehendes Bild ergibt. Worüber man diskutieren kann, ist die Auswahl und Zusammenstellung einzelner Gänge.

Die Gäste der Osteria fragen deshalb oft nach einem typischen Menu. Wir versuchen dann, eine Abfolge der verschiedenen Aspekte der toskanischen Küche zusammenzustellen und so entsteht, je nach Jahreszeit, z. B. ein opulentes herbstliches »Menu des Hauses«.

Aperitivo Le Logge
Antipasto di milza
Crostini di funghi
Ribollita
Tagliolini all'Osteria
Anatra all'uva
Verdure al forno
Dolce della casa
Vin santo
Caffè

VITELLA / MANZO ...
RANA ...
SCROFA / CINGHIALE ...
O / LEPRE ...
POLLO / FARAONA ...

Vitello al forno

Kalbsbraten

Für 4 Personen

1 kg Kalbfleisch
8 Blätter Salbei
3 Zweige Rosmarin
Salz und Pfeffer
Olivenöl

Durch den Braten 3–4 Spickkanäle bohren und diese mit der kleingehackten Gewürzmischung füllen. Den Braten zu einer Rolle zusammenbinden, außen salzen, mit Öl übergießen und in einem Bräter für ca. 40 Minuten bei 200 °C im Ofen braten. Wiederholt mit dem entstehenden Bratensaft übergießen. Danach in dünne Scheiben schneiden und mit dem eigenen Saft servieren.

Il lesso

Gekochtes Kalbfleisch

Zu diesem Kalbsgericht eignen sich besonders gut das Muskelfleisch, Haxen oder Rippen eines Jungochsen. Das Fleisch kann gleichermaßen warm, dann zu einem der Gemüsegerichte oder kalt aufgeschnitten mit einer grünen Sauce (s. Seite 50) serviert werden. Beim Kochen entsteht eine köstliche Brühe, die, mit Wein verfeinert, vor den Gerichten gereicht werden kann.

Für 4 Personen

1 kg Kalbfleisch (ohne Knochen gewogen)
2 Liter Wasser
1 Stange Sellerie
1 reife Tomate
2 Karotten
1 Zwiebel
1 Bund Petersilie
Pfefferkörner
Salz

Das kräftig gesalzene Wasser zum Kochen bringen, das geputzte Gemüse und die Pfefferkörner mit dem Fleisch hineingeben. Alles 2 Stunden leicht vor sich hinkochen lassen. Dabei hin und wieder sich bildenden Schaum abschöpfen. Nach der Kochzeit das Fleisch vorsichtig aus der Brühe nehmen, trockentupfen und aufschneiden.

Typisch in der toskanischen Küche ist es, aus einem bereits fertigen Gericht ein neues entstehen zu lassen. Dazu eignet sich besonders das gekochte Kalbfleisch. Hier sind zwei Rezepte für ein ›Lesso rifatto‹, das ›Noch-einmal-Gemachte‹.

Lesso rifatto

Das ›Noch-einmal-Gemachte‹

2 große Zwiebeln
Olivenöl
Salz, Pfeffer
gekochtes Kalbfleisch
500 g Tomaten

Die Zwiebeln in feine Ringe schneiden und sehr langsam in Olivenöl weich dünsten, salzen und pfeffern. Das Kalbfleisch in Streifen schneiden, und mit den gehäuteten, gewürfelten Tomaten zu den Zwiebeln fügen und unter mehrmaligem Rühren das Ganze 20 Minuten köcheln lassen.

Und eine andere sehr schmackhafte Version des Lesso rifatto

3 Knoblauchzehen
Olivenöl
500 g Tomaten
Gekochtes Kalbfleisch
2 Peperoncini
Salz, Pfeffer

Den feingehackten Knoblauch in Olivenöl andünsten, die gehäuteten, gewürfelten Tomaten hinzufügen und kochen lassen, bis eine homogene Sauce entstanden ist. Mit Salz und Pfeffer würzen. Das Kalbfleisch in Scheiben schneiden und mit den Peperoncini in der Sauce wärmen.

Ossi buchi alla Senese

Kalbshaxe Sieneser Art

Zur Zubereitung von Osso buco muß man einen deutschen Metzger erst dazu überreden, einem eine Kalbshaxe (Hinterhaxe) samt Knochen in ca. 3 cm dicke Scheiben zu zersägen. Dabei ist dann in der Mitte der Fleischscheibe der Osso buco, der »Knochen mit Loch«, in dem sich das köstliche Mark befindet. Auch hier hat Christoph in seiner Zeichnung mal wieder alles allzu wörtlich genommen.

Für 4 Personen

4 Kalbshaxenscheiben
4 Knoblauchzehen
1 getrocknete Pfefferschote (peperoncino)
1 Glas trockenen Weißwein
1 kg geschälte Tomaten
Mehl
2 Tassen Rinderbrühe

Die Haut um die Scheiben mehrmals durchschneiden oder ganz entfernen, damit sich das Fleisch beim Kochen nicht aufwölbt. Haxenscheiben in Mehl wenden und Öl mit Peperoncino und Knoblauch erhitzen. Die Haxenscheiben auf großer Flamme anbraten. Wein angießen und sobald dieser reduziert ist, die Tomaten hinzufügen und mit Rinderbrühe bedecken. Auf kleiner Flamme zugedeckt ca. 60 Minuten köcheln lassen. Mit Salz und Pfeffer abschmecken.

Oder was habt Ihr geglaubt, wie sie die Löcher in die Knochen machen?

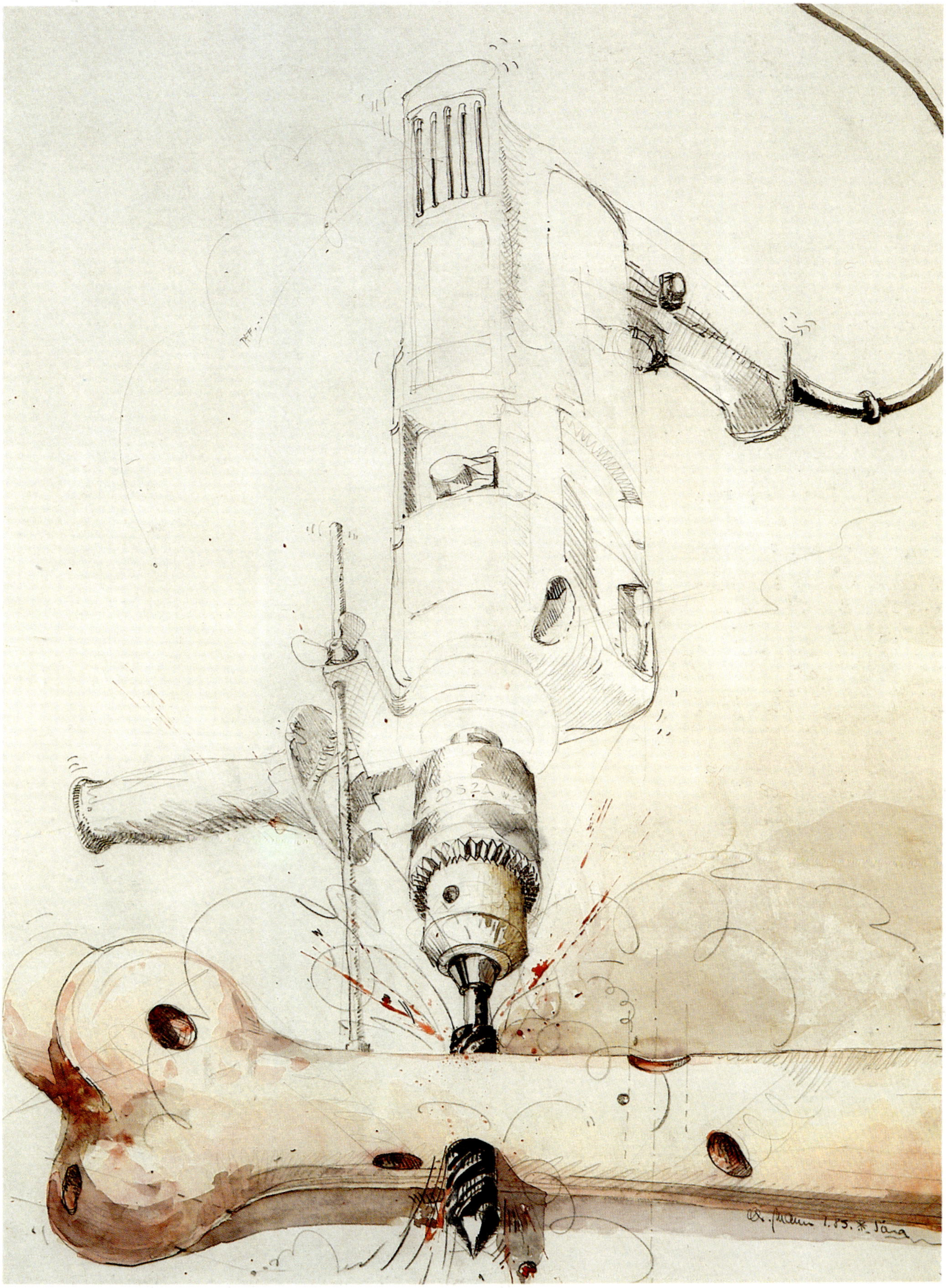

Spezzatino alla Chigiana

Kalbsgulasch ›Chigiana‹

Dieses Rezept ist eine Hommage an die Dozenten und Studenten der internationalen Musikakademie Chigiana in Siena, deren Gaumen wir ebenso zu verwöhnen suchen, wie sie es allsommerlich mit den Ohren aller Bewohner und Besucher unserer Stadt tun. Das nebenstehende Bild hängt heute an seinem rechtmäßigen Platz, dem Büro des musikalischen Direktors der Akademie.

Für 4 Personen

800 g Kalbfleisch, ein Halsstück oder aus der Lende
Olivenöl
1 Knoblauchzehe
einige Salbeiblätter
1 Glas Weißwein
Pfeffer aus der Mühle
ja nach Größe 8–12 schwarze, entsteinte Oliven
1 Kartoffel
Rinderbrühe

Das Fleisch in kleine Stücke schneiden und in wenig heißem Olivenöl mit der Knoblauchzehe und den zerrupften Salbeiblättern von allen Seiten anbraten, mit einem halben Glas Weißwein angießen und die Flüssigkeit bei starker Hitze kurz reduzieren. Pfeffern. Die Oliven zerdrücken, die Kartoffel schälen und in kleine Stücke schneiden, beides in den Fleischtopf geben und das Ganze unter wiederholter Zugabe der Brühe etwa 60 Minuten in geschlossenem Topf köcheln lassen, bis die Sauce eine cremige Konsistenz hat und das Fleisch weich ist. Mit Weißwein abschmecken.

Ein sehr toskanisches Gericht – voller Musik

Chigiana
ALLIEVI:
GÉRARD CAUSSÉ
PIER NARCISO MAS
ANDRÉ NAVARRA, ERIKA KILCHER,
SIMMS, SEVERINO GAZZELONI, HENRIK SZERYNG, OSCAR
KRYSTIAN ZIMMERMAN, H. MÜLLER-BRÜHL, J.-C. MALGOIRE, L. BERIO
LTURLANDSCHAFT: HÜGEL SIND MELODIE, ZYPRESSEN STACCATO,
S, WETTER IN DUR & MOLL, OLIVEN SETZEN AKZENTE, DER
WERKE DIE SYNTAX, STÄDTE BILDEN THEMATA, DIE
ENSCHEN DIE BEGLEITUNG. * DIE MUSIK IST IM KOPF – IN EUREN KÖPFEN,
PFEN, DANN IST SIE NIRGENDWO ...
CHR. M. MANN * 17.07.85 * SIENA.

Terra di Siena

Sieneser Erde

Dieses Gericht soll eine tief rot-braune Farbe haben, die leuchtende Farbe der Erde Sienas.

Für 6 Personen

500 g Ochsenfilet
2 Knoblauchzehen
6 Salbeiblätter
Olivenöl
1 kg Flaschentomaten
2–4 getrocknete Pfefferschoten (peperoncini)
Salz, Pfeffer aus der Mühle

Das Fleisch mit feingehacktem Knoblauch und Salbeiblättern einreiben. In einem Schmortopf Öl erhitzen und das Fleisch von allen Seiten kräftig anbraten. Die Tomaten häuten und würfeln und mit den Peperoncini hinzufügen. Leicht salzen und mit Pfeffer übermahlen. Etwa 10 Minuten in geschlossenem Topf schmoren, den Deckel entfernen und weiterschmoren, bis das Ganze eine rotbraune Farbe angenommen hat.

Das Fleisch in Scheiben schneiden und servieren.

Tagliata ai funghi porcini

Geschnetzeltes Rindfleisch mit Steinpilzen

Für 4 Personen

1 Bistecca fiorentina (etwa 1 kg) oder
1 Rinderfilet (etwa 1 kg)
Olivenöl
100 g frische Steinpilze
Salz, Pfeffer aus der Mühle

Das Fleisch von beiden Seiten in heißem Öl anbraten. In feine Streifen schneiden, dabei den Saft auffangen und diesen mit den Fleischstreifen in eine feuerfeste Form schichten.

Leicht salzen. Die Pilze blättrig schneiden, salzen und pfeffern und über das Fleisch geben. Mit Öl beträufeln und im vorgeheizten Ofen bei 240 °C etwa 15 Minuten garen.

Weine: die noblen Klassiker

Zu den vorangegangenen Fleischgerichten empfiehlt sich ein guter Chianti Classico Riserva, eine Chianti-Auslese aus dem hochwertigsten Anbaugebiet zwischen Florenz und Siena. Eine Riserva muß mindestens drei Jahre alt sein, bevor sie in den Verkauf kommt, es ist aber anzuraten, einen fünf Jahre alten Jahrgang zu wählen. Auch die Riserva wird, wie der normale Classico, aus den roten Sorten Sangiovese und Canaiolo gekeltert, denen ca. 2–5 % weiße Trauben hinzugefügt werden. So entsteht ein Wein mit einem unverwechselbaren Geschmack und Duft, der an Veilchen und Erika erinnert und an Zunge und Gaumen trocken und klar schmeckt. Serviert werden sollte er mit 18 °C.

Eine Alternative wäre der Vino nobile di Montepulciano mit seiner dem Chianti sehr ähnlichen Traubenmischung, aber einem sehr weichen Geschmack und Duft, häufig in Richtung Erdbeeren und Brombeeren.

Cinghiale all' Osteria

Wildschwein nach Art der Osteria

Für 4 Personen

500 g Wildschweinbraten aus Brust oder Keule
Olivenöl
1 Glas Chianti
500 g Tomaten

Für die Marinade

2 Karotten
1 Zwiebel
1 Stange Sellerie
2 Knoblauchzehen
1 Zweig Rosmarin
4 Salbeiblätter
2 Lorbeerblätter
Salz
Schwarze Pfefferkörner
1 Liter Rotwein

Für die Marinade das Gemüse putzen und feinhacken und mit den Kräutern und Gewürzen in den Rotwein rühren. Das in Würfel geschnittene Wildschweinfleisch über Nacht in der Marinade ziehen lassen.

Am folgenden Tag die Flüssigkeit durch ein Sieb abgießen, gut abtropfen lassen und Fleisch und die festen Teile der Marinade trockentupfen. In einem Schmortopf in heißem Olivenöl das Ganze leicht anbraten, ein Glas Brunello angießen und diesen einkochen lassen.

Derweil die Tomaten häuten, in Stücke schneiden und zu dem Fleisch geben. Jetzt den Topf verschließen und das Gericht unter mehrfachem Rühren 4 Stunden auf sehr kleiner Flamme schmoren lassen.

Fagiano in casseruola

Fasan im Schmortopf

Für 4 Personen

1 Fasan, 1,5 kg
Salz, Pfeffer aus der Mühle
Olivenöl
Geflügel- oder Wildbrühe
1 Glas Cognac

Den Fasan waschen und trockenreiben, in 8 Teile zerlegen und die Stücke salzen und pfeffern.

Im Schmortopf das Olivenöl erhitzen und in ihm die Fasanenteile rundherum kräftig anbräunen und dann bei kleiner Hitze gar schmoren.

Das Fleisch auf einer Anrichteplatte im Backofen warmstellen. Den Bratensud noch einmal stark erhitzen, mit der Geflügel- oder Wildbrühe angießen, den Cognac hinzugeben und ein wenig einkochen lassen.

Die Sauce über die Fasanenteile füllen und servieren.

Weine: der gewichtige Brunello

Der klassische Wein zu allen Wildgerichten ist der Brunello aus dem kleinen Anbaugebiet Montalcino.

Er ist einer der hochwertigsten Weine Italiens, der aus der Brunellotraube (Sangiovese grosso) gekeltert wird und frühestens nach 5 Jahren in den Handel kommt. Davon verbringt er 3½ Jahre in großen Fässern aus dalmatischer Eiche und reift anschließend 1½ Jahre in der Flasche.

Der schwere Brunello hat ein hohes Alterungspotential. Sein Geschmack und Geruch erinnern an Wacholder und Gewürze. Er sollte mit 20 °C aus großen Gläsern getrunken werden.

Lepre in salmì

Marinierter Wildhase

Für 4 Personen

ein 1,8–2 kg schwerer Wildhase
Olivenöl
Mehl

Für die Marinade

1,5 l Chianti
3 Karotten
1 Stange Sellerie
2 Zwiebeln
2 getrocknete Pfefferschoten
Salz und Pfeffer
1 Bund Petersilie
2 Lorbeerblätter
6 Salbeiblätter

Für die Marinade Rotwein, Karotten, Sellerie und Zwiebel in Stücke schneiden, mit feingehackter Petersilie, Lorbeer, Salbei, Pfefferschoten, Salz und Pfeffer vermischen.

Den Hasen in Portionen zerkleinern und für ca. 2 Std. in der Marinade ziehen lassen.

Danach die Hasenstücke gut abtrocknen und in einer Schmorpfanne anbräunen. Den Wein der Marinade in ein Gefäß abgießen, die Einlage gut abtropfen lassen und zu dem Fleisch hinzufügen. Einige Minuten unter mehrmaligem Umrühren kochen lassen und anschließend mit einem Teelöffel Mehl bestäuben. 1–2 Glas des Weines der Marinade angießen, die Kasserolle mit einem Deckel verschließen und auf kleiner Flamme garkochen. In der Sauce servieren.

Funghi porcini in gratella

Gebratene Steinpilze

Für 4 Personen

1 kg Steinpilze
Olivenöl
2–3 Knoblauchzehen
Salz, Pfeffer aus der Mühle
2 Bund Petersilie

Die Kappen der geputzten Steinpilze von den Füßen trennen. Während die Kappen ganz bleiben, die Füße in nicht zu dünne Scheiben schneiden.

In einer schweren, weiten Pfanne Olivenöl erhitzen, die Kappen mit den Knoblauch darin bei starker Hitze anbraten, bis die Kappenränder leicht bräunlich werden. Salzen und pfeffern und wenden. Jetzt die in Scheiben geschnittenen Steinpilzfüße und einen Teil der feingehackten Petersilie hinzufügen und bei kleiner Hitze die Pilze garen.

Eventuell nochmals mit Salz und Pfeffer abschmecken. Das Pilzgericht auf einer vorgewärmten Platte anrichten und mit dem Rest der Petersilie bestreut servieren.

Eine sehr schmackhafte Variante erreicht man durch Hinzufügen von ›nepitella‹, der Bergminze, die in der Toskana wild an fast jeder Mauer wächst. Ihre kleinen Blättchen werden unter die Petersilie gemischt.

Die Wälder der Toskana sind voller Pilze und wenn man Glück und eine gute Nase hat, kann man die ersten Steinpilze schon im Frühjahr finden. Im Herbst dann werden sie in jedem Gemüseladen angeboten und natürlich fehlt dieser Edelpilz nicht auf der Speisekarte der Osteria.

Funghi porcini in insalata

Steinpilzsalat

Zu diesem Gericht verwendet man kleinere Steinpilze, die in sehr feine Scheiben geschnitten werden. Hübsch ist der Längsschnitt, weil so die Pilzform erhalten bleibt.

150 g Steinpilze
50 g Parmesankäse
Salz, Pfeffer aus der Mühle
Zitronensaft
Olivenöl
Petersilie

Die Pilzscheiben in eine flache Schüssel legen, den Parmesankäse darüberhobeln, leicht salzen und pfeffern, mit wenig Zitronensaft beträufeln und mit Olivenöl anfeuchten. Mit feingehackter Petersilie überstreuen. Vor dem Servieren mindestens eine halbe Stunde an einem kühlen Ort ziehen lassen.

Je nach Geschmack kann dem Salat noch ein wenig verrührte Sardellenpaste hinzugefügt werden.

Funghi porcini sott'olio

Eingelegte Steinpilze

1 l Weißwein
¾ l Weißweinessig
2 Knoblauchzehen
einige Zweige Rosmarin
einige Salbeiblätter
grobes Meersalz
schwarze Pfefferkörner
1 Handvoll Petersilie
(oder noch besser: Blättchen der Bergminze, siehe Rezept ›Funghi porcini in gratella‹)
1 kg Steinpilze
Olivenöl

In einem großen Topf den Weißwein mit dem Essig, den Kräutern und Gewürzen aufkochen. Die Steinpilze hineingeben und 15 Minuten in der Marinade kochen. Die Flüssigkeit durch ein Sieb abgießen und die Pilze mit den Gewürzen auf einem Baumwolltuch ausbreiten, bis alles Wasser absorbiert ist.

In ein gut verschließbares Glasgefäß Schicht um Schicht Olivenöl wechselnd mit den Pilzen und ihren Gewürzen füllen. Dabei mit Olivenöl beginnen und mit Olivenöl so enden, daß die Pilze gut bedeckt sind. Das Gefäß verschließen. Vor dem Verzehr mindestens einen Monat, besser noch, zwei Monate ziehen lassen.

Eigentlich sollten Steinpilze nur mit einem Messer gereinigt werden. Ein kurzes Waschen jedoch darf sein, will man Erde zwischen den Zähnen vermeiden.

Verdure al forno

Im Ofen gebackenes Gemüse

Für 4 Personen

je 200 g
Auberginen
Zucchini
Paprikaschoten (gemischt rot, gelb, grün)
Kartoffeln
Gemüsezwiebeln
Tomaten
Salz, Pfeffer aus der Mühle
3 Knoblauchzehen
Olivenöl
1 Bund Petersilie

Das Gemüse waschen und putzen, die Tomaten häuten, die Kartoffeln schälen.

Das Gemüse entsprechend seiner Garzeit zerkleinern, d. h. Gemüse, das längere Garzeit braucht, in kleinere Stücke schneiden. Salzen und pfeffern, mit gehacktem Knoblauch überstreuen und derart in einem flachen Bräter aufeinander schichten, daß Gemüsearten, die beim Dünsten viel Wasser abgeben, obenauf liegen. Alles mit reichlich Olivenöl begießen und im Ofen bei ca. 200 °C eine Stunde backen. Mit gehackter Petersilie bestreuen.

Eine sehr besondere Geschmacksnote erhält das Gericht, wenn die geviertelten Zwiebeln mit Nelken gespickt werden.

Bei uns wärmt sich das Gemüse nicht nur im Winter am Ofen ...

„Verdure al Forno"

Sformato di spinaci

Spinatauflauf

Für 4 Personen

500 g Spinat
2 Eier
200 g Parmesankäse
Salz, Muskat
Etwas Butter
Semmelbrösel

Für die Bechamelsauce

1 Eßl. Butter
1 gestrichenen Eßl. Mehl
2 Tassen Milch
Salz, Pfeffer, Muskat

Den Spinat gründlich waschen und von seinen Stielen befreien. Die Blätter in wenig kochendem Salzwasser 2 Minuten dämpfen, abtropfen lassen und feinhacken. Die Bechamelsauce bereiten: dazu die Butter schmelzen, das Mehl darin anschwitzen, doch nicht bräunen. Unter ständigem Rühren die Milch langsam angießen. Mit einer Prise Salz, Pfeffer und frisch geriebenem Muskat würzen. Einige Minuten leise köcheln lassen. Derweil die Eier verquirlen und den Käse reiben. Eine Auflaufform mit Butter ausstreichen und mit Semmelbröseln ausstreuen.

In einer großen Schüssel Spinat, Eier, Käse und die Bechamelsauce vorsichtig mischen, mit Muskat nachwürzen und die Masse in die Auflaufform streichen.

Im vorgeheizten Herd bei 175 °C etwa 45 Minuten backen.

Nach diesem Rezept läßt sich eine Vielfalt von ›sformati‹ bereiten. So aus Zucchini, den kleinen italienischen Artischocken, Fenchel, Kartoffeln oder Blumenkohl.

Torta d'erbe

Gemüsekuchen

Für 4 Personen

500 g Spinat
500 g Mangold
Olivenöl
2 Knoblauchzehen
50 g Pecorino
Salz, Pfeffer aus der Mühle

Spinat und Mangold waschen, von den Stielen schneiden, die Blätter in wenig kochendem Salzwasser kurz dämpfen und abtropfen lassen. Das Gemüse feinhacken, mit ein wenig Olivenöl, gepreßten Knoblauchzehen, geriebenem Pecorino mischen und mit Salz und Pfeffer würzen.

Mit der Hälfte des Mürbeteigs eine Kuchenform auslegen, die Gemüsepaste darauffüllen, einen Deckel aus der zweiten Mürbeteighälfte formen, ihn verzieren und die Gemüsetorte mit ihm verschließen. Im Herd backen, bis der Teig knusprig und goldbraun ist.

Pasta frolla

Mürbeteig für Gemüsekuchen

500 g Mehl
3 Eier
3 Eßl. Wasser
1 Prise Salz
3 Eßl. Olivenöl

Das Mehl auf ein großes Brett sieben, derart, daß in der Mitte eine Mulde entsteht. Eier, Wasser, Salz und Olivenöl in einer Schüssel gut verrühren und in die Mehlmulde geben. Langsam von den Seiten her das Mehl hineinarbeiten, ohne den Teig zu stark zu kneten, bis kein Mehl mehr aufgenommen wird. Der Teig soll weich und geschmeidig sein.

Die Hauptnahrungsmittel der toskanischen Bauern waren zunächst die weißen Bohnen, später dann nach ihrer Einführung nach Italien die Kartoffeln.

Hier sind zwei noch immer sehr beliebte Gerichte.

Faglioli all' uccelletto

Gekochte weiße Bohnen

Für 4 Personen

300 g weiße Bohnen
Olivenöl
400 g Tomaten
2 Knoblauchzehen
einige Salbeiblätter

Die weißen toskanischen Bohnen in kaltem Salzwasser aufsetzen und langsam zum Kochen bringen. Den Kochvorgang beobachten, es ist wichtig, den Moment abzupassen, da die Bohnen gar sind, aber noch nicht zerfallen. Die so gegarten Bohnen vorsichtig über einem Sieb abgießen.

In der Zwischenzeit in einem irdenen, feuerfesten Gefäß Olivenöl erhitzen. Die Tomaten häuten, entkernen und würfeln und mit den feingehackten Knoblauchzehen und den Salbeiblättern in dem heißen Öl dünsten. Leicht salzen. Die Bohnen vorsichtig mit den Tomaten mischen. Unter nochmaligem Durchmengen das Ganze leicht ziehen lassen, bis die Bohnen Geschmack aufgenommen haben.

Patate alla fattoressa

Kartoffeln nach Art der Gutsverwaltersfrau

Für 4 Personen

1 kg Kartoffeln
Olivenöl
einige Salbeiblätter
1 Zweig Rosmarin
3 Knoblauchzehen
Salz, Pfeffer aus der Mühle
100 g Tomaten
1–2 Tassen Fleisch- oder Gemüsebrühe

Kartoffeln schälen und in Würfel schneiden. In einer schweren, großen Pfanne in heißem Olivenöl Salbeiblätter, Rosmarin und Knoblauch schwenken, die Kartoffeln hineingeben, von allen Seiten anbräunen, salzen und pfeffern. Die gehäuteten, gewürfelten Tomaten dazugeben und mit Fleisch- und Gemüsebrühe auffüllen. Jetzt auf kleiner Flamme das Ganze köcheln lassen, bis die Flüssigkeit verdampft ist, die Kartoffeln jedoch noch feucht sind. Mit Salbeiblättern garnieren und servieren.

Gern werden in der Toskana Gemüse fritiert. So zum Beispiel Zucchiniblüten, die nicht nur köstlich schmecken, sondern auch ein Augenschmaus sind.
Gemüse wie Kartoffeln oder Zucchini wird vor dem Eintauchen in den Teig klein geschnitten, anderes, wie Artischocken, Fenchel oder Blumenkohl, seiner Beschaffenheit nach entsprechend lange blanchiert. Das Gemüse durch den Teig ziehen und in reichlich heißem Öl ausbacken.

La pastella

Ausbackteig

2 handvoll Mehl
1 Ei
Salz

Mehl mit Eigelb unter langsamer Zugabe von kaltem Wasser zu einem flüssigen, doch nicht zu dünnen Teig verarbeiten. Leicht salzen. Das Eiweiß schaumig schlagen und vorsichtig unter den Teig ziehen.

Pecorino fresco

Toskanischer Schafskäse

Käse spielt in der italienischen Küche als unentbehrliche Zutat bei vielen Rezepten eine unübersehbare Rolle.

Dominierend ist dabei natürlich der in ganz Italien verbreitete Parmigiano Reggiano aus der Gegend von Reggio Emilia und Parma und der Grana Padano aus der Val Padana. Die Milch soll von Kühen stammen, die ganzjährig Grünfutter fressen.

In der Toskana hat der grana (körniger Käse) aber nie die Bedeutung erreicht, wie der Pecorino, der traditionelle Schafskäse (der heute auch häufig aus Kuhmilch oder einem Gemisch aus Kuh- und Schafsmilch hergestellt wird).

Wir stellen, wenn uns die Zeit dazu bleibt, in den Wintermonaten gerne selbst einen Pecorino aus reiner Schafsmilch her, wobei wir zur Gerinnung ein Labferment vom Lamm verwenden anstatt dem ansonsten in der Toskana üblichen Ferment aus einer bitteren Artischockensorte.

Durch die besonderen Kräuter der toskanischen Weiden erhält der hier entstandene Pecorino eine leicht an Anis anklingende Geschmacksnote.

Pecorino fresco kann schon nach knapp einem Monat gegessen werden und hat dann eine zart gelbliche Haut. Sein Geschmack wird mit der weiteren Reifung pikanter und mit einem Alter von 2–3 Jahren eignet er sich als Hartkäse zum Reiben für viele Rezepte mindestens genauso gut wie der viel teurere Parmigiano.

Ein Tip für Sie zu Hause: Sie können aus dem Urlaub mitgebrachten Pecorino fresco auch problemlos auf einem Holzbrett oder geflochtener Korbunterlage selbst reifen lassen, wenn Sie ihn nur regelmäßig mit Öl einreiben.

Immer wieder die gleiche Frage: frisch oder reif? Hauptsache original. Und alt wird er schließlich von selbst.

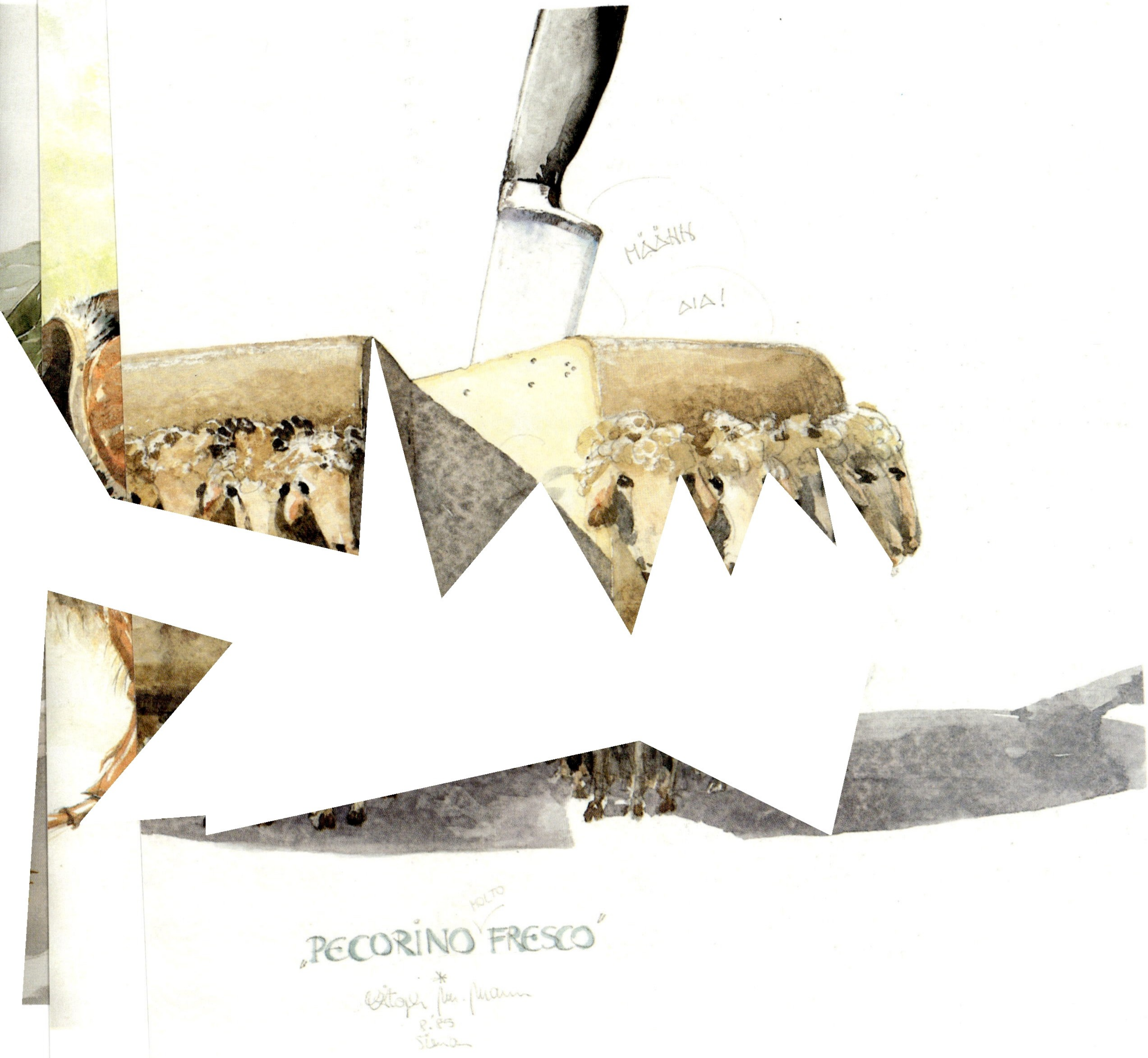
MÄÄHH
AIA!
MOLTO
„PECORINO FRESCO"

Toscana, meta culinaria

Kulinarisches Reiseziel Toskana

Zutaten

12 Tage Kreativ- und Sprachferien in einem toskanischen Palazzo
Mal- und Zeichenkurse
Italienische Sprachkurse
Toskanische Kochkurse
Kunstgeschichte
Kulinarische Rundreise
Die sonnenverwöhnten Chiantiberge
Löffelweise Lust und gute Laune

Prospekte und Informationen

INCONTRI CULTURALI e. V.
Isabellastraße 24, 8000 München 40
Telefon: 0 89/2 71 65 60

Aus den Zutaten können Sie sich ihr Kursmenü selbst zusammenstellen. Der Fond besteht aus einem zwölftägigen Aufenthalt mit kunsthistorischen Exkursionen und kulinarischer Rundreise. Diese führt Sie unter anderem auch nach Siena in die Osteria Le Logge.

Zum Strecken Ihrer Kenntnisse über die toskanische Küche eignet sich bestens unser Kochkurs.

MÄÄHH
AIA!
„PECORINO FRESCO"
MOLTO

Pasta frolla con le fragole

Mürbeteig-Erdbeerkuchen

Für 5–6 Personen

1 kg Mehl
300 g Zucker
300 g Butter
6 Eigelb
200 g Pfirsichmarmelade
1 Glas Wermut
2 Glas Wasser
frische Erdbeeren

Weiche Butter, Zucker und Eigelb mischen und in den Krater des gehäufelten Mehls geben. Langsam Mehl einarbeiten und kräftig durchkneten, damit ein fester, homogener Teig entsteht. Ausrollen zu einem ca. 2 cm dicken Fladen und diesen auf einem gebutterten und gemehlten Blech ausbreiten und bei 200 °C für ca. 5 Minuten backen. Einen Sirup aus Marmelade und Wermut bereiten, davon eine dünne Schicht auf den vorgebackenen Tortenboden streichen und mit den Erdbeeren belegen. Den restlichen Sirup dünn überziehen. Nochmals für ca. 15 Minuten backen, abkühlen lassen und aufschneiden.

Die Süßspeisen sind eine Sache der Kindheit, in der jeder Mensch seine wirkliche Heimat hat, und deshalb möchten wir hier den Freunden der Osteria und ihren Erinnerungen das Feld räumen.
Für Christoph, den Maler, bedeutet das Erdbeeren und Maikäfer: die Rückkehr des Frühlings!

In meiner Heimat sind die Maikäfer aus Schokolade und schmücken die besten Torten, die mit den Mai-Erdbeeren.

MAGGIOLINO
Melolontha melitus
CLASSE: Dolci
FAMIGLIA: Tradizionale
GENERE: Alta Pasticceria
SPECIE: Deliziosissimi
DIFFUSIONE: Paesi Alemanni

Caldarroste

Geröstete Maroni

Am besten sind sie zu Anfang der Saison: Da sind eventuelle Würmer noch klein. Die Probe ist ganz einfach: Die im kalten Wasser obenauf schwimmen, werden aussortiert. Die Guten werden auf der Oberseite eingeschnitten und für ca. 30 Minuten in leicht gesalzenes kaltes Wasser gelegt. Auf der Holzkohleglut rösten. Anschließend sofort in eine mit einem Küchentuch ausgelegte Schüssel füllen, mit Weißwein besprenkeln und im zugebundenen Tuch für ein paar Minuten schwitzen lassen. Heiß servieren. Gianni empfiehlt dazu heurigen Wein.

Wenn der Kunstdozent, Herausgeber und Übersetzer dieses Buches, Hellmuth Zwecker, nicht mit toskanischer Koch- oder sonstiger Kunst auf dem Papier beschäftigt ist, sammelt er mit Vorliebe die schönsten Kastanien der toskanischen Wälder, um sie zu seiner süßen Kindheitserinnerung zu verarbeiten:

Mont Blanc

Kastanienmus mit Schlagsahne

Die Kastanien einige Minuten kochen, Schale und Haut entfernen und weiterkochen. Die weichgekochten Kastanien mit einer Gabel zerdrücken, dazu etwas süße Sahne, Vanille, Zucker und ein Gläschen Rum. Die Masse in einem Topf auf schwachem Feuer rühren, bis sie ganz trocken ist. Mit der flotten Lotte zu einem Berg auf die Anrichteplatte passieren, abkühlen lassen und mit Schlagsahne bedecken.

Mit den Augen des Herbstes . . .

MAGGIOLINO
Melolontha melitus
CLASSE: Dolci
FAMIGLIA: Tradizionale
GENERE: Alta Pasticceria
SPECIE: Deliziosissimi
DIFFUSIONE: Paesi Alemanni

Torta di mele

Apfelkuchen

vorgefertigter Kuchenteig
2 Äpfel
1 Ei
geriebene Nüsse
2 Eßl. Milch

In eine Backform auf ein Stück Backpapier legt man einen vorgefertigten Kuchenteig und sticht mit einer Gabel einige Löcher hinein. Darauf legt man spiralförmig dünn geschnittene Apfelschnitze (Golden Delicius). Ein Ei in etwas Milch gut verrührt gleichmäßig darüberstreichen. Zucker ist nicht nötig. Mit geriebenen Nüssen überstreuen und bei 200 °C im Ofen backen.

Für Gianna Nannini, die Popsängerin und Zuckerbäckerstochter aus Siena, sind die süßen Kindheitserinnerungen nicht gebunden an das berühmte »pan forte« aus der Großbäckerei ihrer Eltern, es ist der simple Geschmack eines Apfelkuchens, den sie sich in ihrer wenigen Freizeit nach einem noch simpleren Rezept selbst macht.

Wenn Gianna nicht in Siena ist, geht sie kulinarisch natürlich fremd, am allerliebsten bei Bea im Ristorante della Clausura, Via Lagrange 13 in Mailand, ihrem Lieblingslokal gleich nach der Osteria Le Logge.

Aus purer Großmut mit der Konkurrenz und auf ausdrücklichen Wunsch von Gianna veröffentlichen wir deshalb hier:

Il segreto della »Clausura«

Das Geheimnis der Klause

1 Ei
2 EL Milch
1 TL Puderzucker
1 TL Mehl
geriebene Zitronenschale
1 Kugel Vanilleeis
Erdnußöl
50 g Himbeeren
Saft einer ½ Zitrone
1 EL Zucker
eingemachte oder frische Waldbeeren

Ei, Milch, Puderzucker, Mehl und Zitronenschale gut vermischen und in einer Crêpe-Pfanne eine nicht zu trockene Crêpe daraus machen. Abkühlen lassen, eine Kugel Vanilleeis in die Mitte darauflegen und die Crêpe darumlegen und mit einem Faden verschließen, als sei es der Geldsack eines Mönchs. Das Ganze mindestens 3 Stunden tiefgefrieren. In tiefgefrorenem Zustand in heißem Erdnußöl fritieren. Zwischenzeitlich wird im Mixer eine Sauce aus Himbeeren, Zitronensaft und Zucker gefertigt und über die Süßspeise und die dazugereichten Waldbeeren gegossen.

Weine: vin santo – außerhalb jeder Glaubensfrage

Der klassische toskanische Dessertwein ist der Vin Santo. Hergestellt wird er aus weißen Trauben, die nach der Lese ca. 2 Monate getrocknet und erst dann abgepreßt und vergoren werden. Danach lagert er zwischen 3–6 Jahren in kleinen Fäßchen aus Eiche oder häufig auch Kirsche oder Kastanie auf dem Speicher, wo die heftigen Temperaturunterschiede zwischen Sommer und Winter verschiedene Gärungsschübe bewirken. Es gibt Vin Santo trocken, halbtrocken wie auch sehr süß, er hat 14–15 % Alkohol, eine ambergelbe Farbe und einen Duft wie Portwein und Honig. Er sollte kühl (10–12 °C) aus kleinen Gläsern getrunken werden.

Caldarroste

Geröstete Maroni

Am besten sind sie zu Anfang der Saison: Da sind eventuelle Würmer noch klein. Die Probe ist ganz einfach: Die im kalten Wasser obenauf schwimmen, werden aussortiert. Die Guten werden auf der Oberseite eingeschnitten und für ca. 30 Minuten in leicht gesalzenes kaltes Wasser gelegt. Auf der Holzkohleglut rösten. Anschließend sofort in eine mit einem Küchentuch ausgelegte Schüssel füllen, mit Weißwein besprenkeln und im zugebundenen Tuch für ein paar Minuten schwitzen lassen. Heiß servieren. Gianni empfiehlt dazu heurigen Wein.

Wenn der Kunstdozent, Herausgeber und Übersetzer dieses Buches, Hellmuth Zwecker, nicht mit toskanischer Koch- oder sonstiger Kunst auf dem Papier beschäftigt ist, sammelt er mit Vorliebe die schönsten Kastanien der toskanischen Wälder, um sie zu seiner süßen Kindheitserinnerung zu verarbeiten:

Mont Blanc

Kastanienmus mit Schlagsahne

Die Kastanien einige Minuten kochen, Schale und Haut entfernen und weiterkochen. Die weichgekochten Kastanien mit einer Gabel zerdrücken, dazu etwas süße Sahne, Vanille, Zucker und ein Gläschen Rum. Die Masse in einem Topf auf schwachem Feuer rühren, bis sie ganz trocken ist. Mit der flotten Lotte zu einem Berg auf die Anrichteplatte passieren, abkühlen lassen und mit Schlagsahne bedecken.

Mit den Augen des Herbstes...

Mit den Augen des Herbstes ...
6.10.'85

Toscana, meta culinaria

Kulinarisches Reiseziel Toskana

ZUTATEN

12 Tage Kreativ- und Sprachferien in einem toskanischen Palazzo
Mal- und Zeichenkurse
Italienische Sprachkurse
Toskanische Kochkurse
Kunstgeschichte
Kulinarische Rundreise
Die sonnenverwöhnten Chiantiberge
Löffelweise Lust und gute Laune

Aus den Zutaten können Sie sich ihr Kursmenü selbst zusammenstellen. Der Fond besteht aus einem zwölftägigen Aufenthalt mit kunsthistorischen Exkursionen und kulinarischer Rundreise. Diese führt Sie unter anderem auch nach Siena in die Osteria Le Logge.

Zum Strecken Ihrer Kenntnisse über die toskanische Küche eignet sich bestens unser Kochkurs.